個客に深く長く寄り添い、
利益を伸ばす

シングル＆シンプルマーケティング

本間充 Honma Mitsuru

宣伝会議
養成講座シリーズ

はじめに

デジタル時代になって、マーケティングをどう変えていくべきなのか、と考えることが多くなりました。

デジタルは、ビジネスの在り方からお客様の購買スタイルまで大きな変化をもたらしました。その対応として、多くのマーケティングのリーダーたちは、例えばＷｅｂサイトをマーケティングに活用したり、ＳＮＳを使ってお客様とのエンゲージメントを高めたり、と新しい取り組みを積極的に行ってきました。

その一方で、マーケティングの基本戦略は、大量生産、大量消費型のマス・マーケティングをそのまま継承しています。私たちマーケターは、今までのマーケティングの延長線上で考えるべきなのでしょうか。それとも違うステージで考えるのが良いのでしょうか。

この本では「**シングル＆シンプル マーケティング**」というコンセプトのマーケティングを提唱しています。大量生産、大量販売、売上拡大を目指すのではなく、「デジタル」を活用して、「シングル」＝個人ベースでお客様のニーズをくみ取り、相応しいサービスを提供していきます。大量生産時代以前のように、マーケターがお客様に長く寄り添い、信頼を築いていく、人と人の関係へと「シンプル」に立ち戻り、デジタルで自動化できることは任せ、対話を重視し、利益を伸ばしていくマーケティングです。「デジタルを活用」と言うと、最新のアド・テクノロジーやデジタル広告について説明する本なのでは、と思われる方がいるかもしれません。しかし本書では、生活環境にデジタルが浸透した時代の、マーケティングの基本戦略について書いています。

私は、デジタル・マーケターと呼ばれることが多いのですが、「本当にお客様に望まれるマーケティングができているのだろうか」と、疑問を持つようになりました。多くの人が、Ｗｅｂサイトを見るときに、バナーなどの広告スペースを無意識に読み飛ばすようになっているからです。

これまで必死に挑戦してきたデジタル・マーケティングの取り組みも、今にして思えば、お客様に向き合えていなかった、愚行だったと反省することもあります。本書のはじまりに、私の経験をお話ししたいと思います。

私の社会人の経験は、花王の研究者としてのスタートでした。入社は１９９２年。研究室には、ほぼ一人一台、研究計算用のコンピューターが与えられ、プログラムを書いては数値計算を行う日々を過ごしていました。その私が、その後登場するインターネットについて、社内で少しばかり詳しいだけで、インターネットのエンジニアになり、後に企業のＷｅｂサイトのコンテンツを開発し、デジタル・マーケターになるとは、入社時には全く考えていませんでした。

人は自分のことを普通だと思っています。私も、そう思っていました。しかし、ある時社内で、「コンピューター・オタク」と上司からも呼ばれ、何か新しいコンピューター技術の話があれば呼ばれるようになり、気がつけば企業のサイトのＷｅｂサーバーを作り、自分でＨＴＭＬを書いて、アド・テクノロジーを理解し、実務を行ううちに、いわゆるデジタル・マーケターになっていたのです。

最初に私が取り組んだのはオウンドメディア、自社サイトの企画とＨＴＭＬのコーディングでした。月間Ｗｅｂマガジンを出していたのですが、内容は手探り。商品の説明が良いのか、それともコマーシャルに出てくださったタレントのインタビューが良いのか。さまざまな企画を考え、毎月、編集・企画会議を行い、コンテンツを公開し続けました。ここで行った愚行は、訪問者数という数字を見すぎたことです。編集・企画会議で、訪問者数を確認する時間を作っていたのですが、そこで何気なく「**多い方が良い**」ことにしてしまったのです。

当時のインターネットでは、多くの数字が飛び交いました。バナー広告では、クリック率やクリック単価。資料請求などのお客様がデータを入力するページでは、入力完了率など。そして、いつの時も多い方が良いことになっていたのです。

今だからわかることですが、これはマーケティングではありません。マーケティングは設計した規模で、想定していたお客様とコミュニケーションを行い、商品やサービスを購入してもらうものです。設計があり、実行するのです。しかし、当時のデジタル・マーケティングには設計という言葉は、ほとんど出てこなかったのです。

マーケティングを勉強している方ならおわかりかと思いますが、そのマーケティングの領域ごとに、市場規模や市場の活動量は異なります。従って、企業のサイトにコンテンツを同じ時期に公開しても、内容が異なれば、その訪問者数は自ずと異なるのです。しかし、当時の企業のＷｅｂ担当者は、そのようなことを顧みることなく、毎月Ｗｅｂサイトの訪問者が増えているので、大丈夫だと考えていました。事実、インターネットの初期には、どの企業のＷｅｂサイトも訪問者数が増えていました。理由は明確です。インターネットの利用者が増えていたからです。つまり、当時のデジタル・マーケターは、Ｗｅｂサイトを商品と考えると、Ｗｅｂサイト自体のマーケティングもできていなかったのです。私は、確実にその一人です。

この本を通じて考えたいのは、マーケターの行いたいマーケティングではなく、お客様の望んでいるマーケティングに、デジタルを使うべきだということです。もはやＷｅｂサイトがあるからコンテンツを置く、という時代でもなければ、Ｗｅｂサイトを公開したら多くの人に見てもらえるという時代でもありません。**お客様が望んでいるのであればＷｅｂで情報を発信し、求められているお客様に届けられれば良い**、というのが、今求められているマーケティングの在り方ではないでしょうか。

私を含め多くのデジタル・マーケターは、アド・テクノロジーを研究し、さまざまな挑戦を行ってきました。しかし、さまざまな問題も抱えていると思います。

とてもわかりやすい、大きな問題を説明しましょう。現在、日本で取引されているほとんどのデジタル広告は、広告が表示された、またはクリックされたという、お金を支払うのに必要な数字について実は正確には把握できないのです。「デジタル広告とはそういうものだ」と答えるデジタル・マーケターもいるかもしれません。デジタルの技術が進化しすぎて、基本的な問題がそのまま放置されてきました。しかし、私が「デジタルかっこいい」と無邪気に言っていた10年前とは違い、今こそデジタルをツールとして考え、その使い方を考える時期が来ています。

もう一つ反省していることがあります。デジタル・マーケターは、最新のアド・テクノロジーの理解と活用に明け暮れ、マーケティングの新しい考え方を「創る」ことを置き去りにしてきたかもしれない、ということです。次から次に新しい広告手法やコミュニケーション手法が登場し、この手法は、私たちのサービスに相応しい？ 相応しくない？ と試すことで満足してしまったのです。

本来マーケターは行いたい広告や、コミュニケーション手法を開発して良いはずです。しかしデジタル・マーケティングからそのような成果があがっているという事例をあまり聞いたことがありません。マーケティングとはもっとクリエイティブな仕事なのです。過去の経験や知識を整理し、そして過去にとらわれないマーケティングを行うべきなのです。

デジタルをツールにして、お客様の望んでいるマーケティングを創造していきたい、そんな思いで本書を執筆することにしました。そしてこの本を通じて、新たなマーケティングを皆さんと共に創造していけたら、嬉しく思います。すでにマーケティングの経験があり、企業や組織の中でマーケティングのチームを率いている方、次世代のリーダーの方にとっては、これまでとは違う視点でマーケティングを考えるきっかけになればと思います。

第1章「経験と勘は通用しない 多様化する日本市場」では、現在の日本市場の状況を、データをもとに確認します。日本市場は、もはや均一ではなく、極めて多様な市場です。第2章「新たなマーケティングが求められる理由」では、これまでとは異なるコンセプトのマーケティングに移行すべき理由について考えます。第3章「シェア拡大より利益の維持へ　マーケティング再考」では、お客様とマーケターの関係について再度確認します。

第4章「デジタル・データで個客を理解　長期の関係を築く」では、デジタル・データを活用して、どのようにお客様一人ひとりを理解しコミュニケーションするのかを考えます。特にここは重要です。日本では、デジタル・マーケティングというと、インターネット空間のコミュニケーション・ツール、つまりWebやSNS、インターネット広告や、DMP（Data Management Platform／データ・マネージメント・プラットフォーム）などのアド・テクノロジーに焦点があたりがちです。しかし本書では、「デジタル・データ」について考えます。お客様が多様になった今、お客様の理解は重要で、そのためのデータはマーケティングの成否のカギだからです。

そして、第5章「シングル&シンプル マーケティングのすすめ」では、新たなマーケティングのコンセプトについて考えます。このシングル&シンプル マーケティングでは、マーケティングの基本である、マーケターとお客様の関係性が重要です。第6章「多様化するお客様との向き合い方」では、その関係性について考えていきます。

第7章「個客を捉えるデジタル活用」では、デジタル時代のデータの活用方法や、いくつかのマーケティングの事例について考えます。

そして、第8章「シングル&シンプル マーケティングの実践」では、実際にこのシングル&シンプル マーケティングを推進していく方法を示します。

多くの事柄は、既知のことかもしれませんが、事実の整理の仕方によって、新しいことが見えてくるものです。本書を参考にして、ぜひ新たなマーケティング・コンセプトについて、議論されることを望んでいます。

デジタルに振り回されるのではなく、デジタルを活用したマーケティングを築きましょう。

目次

個客に深く長く寄り添い、利益を伸ばす シングル＆シンプル マーケティング

第3章　シェア拡大より利益の維持へ　マーケティング再考

第4章　デジタル・データで個客を理解　長期の関係を築く

第5章　シングル＆シンプル　マーケティングのすすめ

第1章

経験と勘は通用しない多様化する日本市場

人口減だからこそ新たなマーケティング戦略を

これからのマーケティングがどうあるべきかを論じる前に、現在の市場の状況について確認しておきます。この約10年間で、日本の市場は大きく変化していますので、冷静にデータを見ながら共有認識を作っておきたいのです。

最初に共有したいのは、日本の市場が、右肩上がりではないことです。「日本の人口推移」を見ると、人口の増加は2008年をピークに、その後減少します。2010年に1億2806万人だった人口も、東京オリンピックが開催される2020年には、1億2533万人になり、2060年には9284万人と1億人を割り込みます。以前のマーケティングは、日本の景気よりも、人口の増加に助けられていたと言っても過言ではありません。多少、不景気な時期があっても、市場のお客様の数は増えていたのです。しかし、**これから人口、つまりお客様の数は増えない**のです。

ちなみに私が社会人になったのは、バブル景気がはじけた後の1992年。それでも日

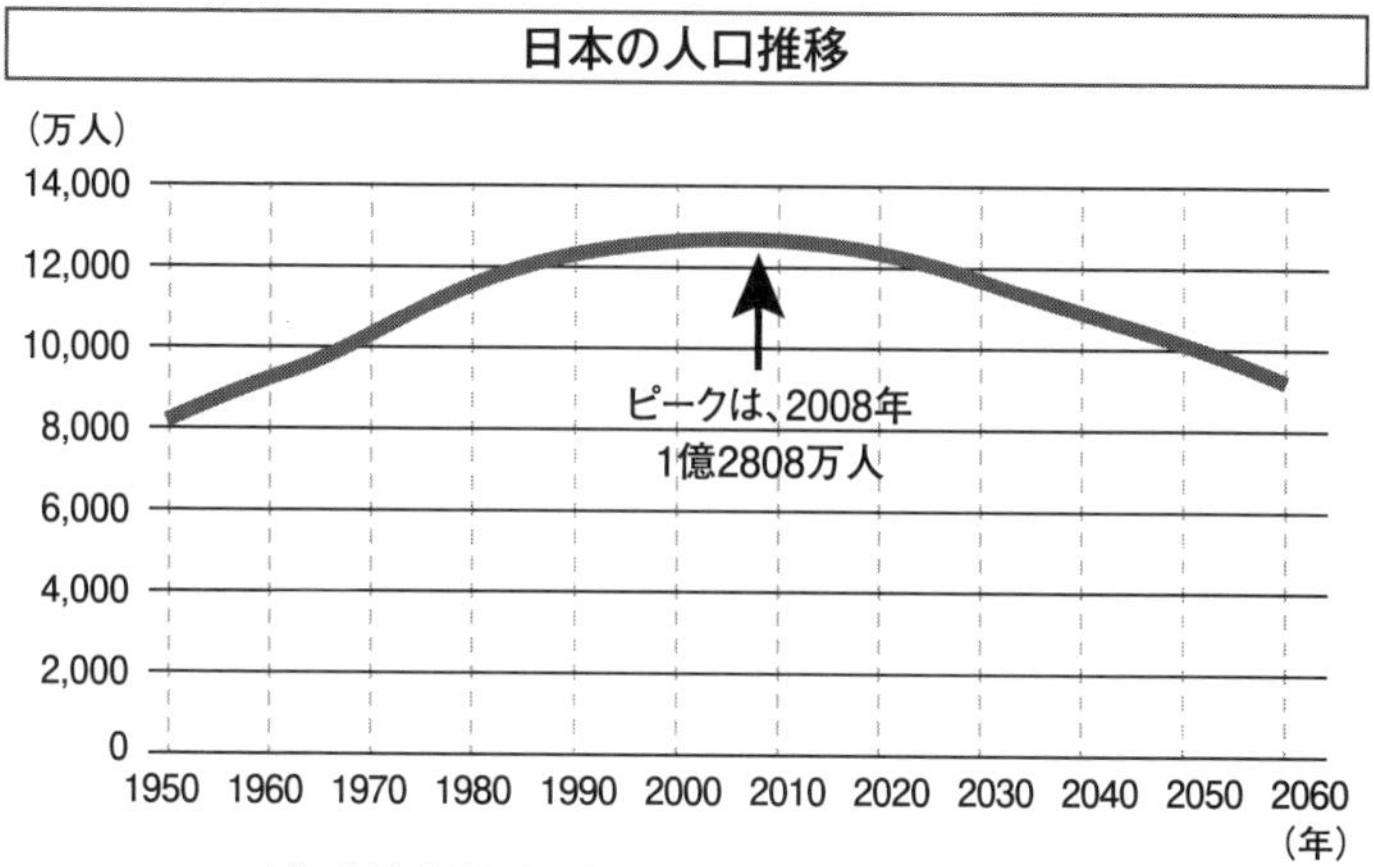

出典：総務省「国勢調査」、「人口推計」／国立社会保障・人口問題研究所「日本の将来推計人口」
平成29年推計、出生中位（死亡中位）

本市場の人口は膨らんでいたので、マーケティングに関する考えも楽観的でした。「新商品を出せば、売れるだろう」「新しいカテゴリーのビジネスを作れば、新しい市場が作れるだろう」。このような考えが、まだまだありましたし、多くの企業で売り上げも利益も増加させようとしていました。

しかし、最近多くの会社では、以前のようには売り上げ、利益が伸びない状況になってきています。以前ではあり得なかった大企業の倒産や整理も耳にするようになってきました。

このように市場の成長が右肩上がりではない時に、私たちのビジネス、さらにはマーケティングをどうしたら良いのでしょうか。もう右肩上がりではないので、企業は成長しない売り上げ目標を設定すれば良いのでしょうか。経済成長も大きくは見込めないので、会社の利益に関して、マイナス予算を組めば良いのでしょうか。

もちろん、売り上げを伸ばさない、利益を増やさない、というのも、一つの答えではあるでしょう。しかし、これから考えたいのは、基本的なマーケティングの考えと新しいアイデアで、このような状況下でも成長させていくことです。マーケティングの本質を理解し考えれば、まだまだ別の答えもあるのではないでしょうか。

企業が取ってきたマーケティング戦略自体は、マーケティングという言葉ができてから、さまざまに形を変えてきました。大量生産・大量消費時代のマーケティングや、情緒的な価値を重要視するマーケティング、そして「個人」の属性をより重んじる、セグメンテーション、ターゲティング型のマーケティングなど、環境が変わるごとに、マーケティングの方法も変わってきたのです。

ところが日本の企業は、これから取るべきマーケティング戦略自体について、あまり整理と議論を行っていないのではないでしょうか。日本の市場が大きな転換期を迎えているからこそ、売り上げ目標や取引の件数、顧客数の目標数値を設定するだけではなく、そもそもどのようなマーケティング戦略を今後とっていくかについて議論すべきでしょう。

世界という範囲で見ても、先進国では人口の増加は止まり始めています。中国やインドなど、いくつかの成長過程にある市場は人口が増加していますが、これらの市場も、その国の成熟度や環境変化により、人口の増加が止まるときが来るでしょう。

これからいくつかの切り口で、私たちを取り巻く環境についてさらに考えます。そのことにより、私たちが今後考えるべきマーケティング戦略が、自然と明確になっていくでしょう。

バラつく世帯年収、ボリュームゾーンが見つからない

日本の市場はさまざまな点で、過去とは異なっています。ここでは、日本の世帯年収について、厚生労働省が発表している「国民生活基礎調査の概況」を使って考えます。

ちょうど20年離れている、日本の世帯年収のデータがあったので、平成8年発表の調査（調査期間は平成7年1月1日から12月31日）と、平成28年発表の調査（調査期間は平成27年1月1日から12月31日）を比較してみます。

まずは基本的な代表値である、世帯平均年収は、平成8年調査では６５９・６万円で、

平成28年調査では545・8万円と、この20年間で平均値が下がっています。そして、中央値は、平成8年調査では550万円で、平成28年調査では428万円となっています。

この2つのグラフから、世帯年収の低所得層のボリュームが増えていることもわかります。日本の市場は人口が減ってきただけではなく、世帯年収というマーケットにとって大切な数値も下降しているのです。

このグラフで、いつも私が注視しているのは、平成8年調査のグラフは、平均値を中央として見たときに左右対称に近いのに対して、平成28年調査のグラフは、その対称性が失われていることです。

以前の日本の市場を語るときに、「国民総中流」という言葉がありました。これは、多くの人の暮らしが中流で、そのボリュームも多かったということを意味しています。つまり、多くの家庭の年収が同じで、その結果、生活スタイルも似ていたのです。しかし、平成28年調査のデータを見ると、どこが中央なのか悩んでしまいます。自分の家庭と隣の家庭では、大きく年収も生活スタイルも違うかもしれません。

平成28年調査のグラフでどこを中央としたらよいか少し考えましょう。まず平均値の545・8万円を中央としてみましょう。545・8万円を含む500万円から600万円未満の範囲には、8・8%の世帯が存在しています。あまり、多くはありません。一方、

所得金額階級別に見た世帯数の相対度数分布図

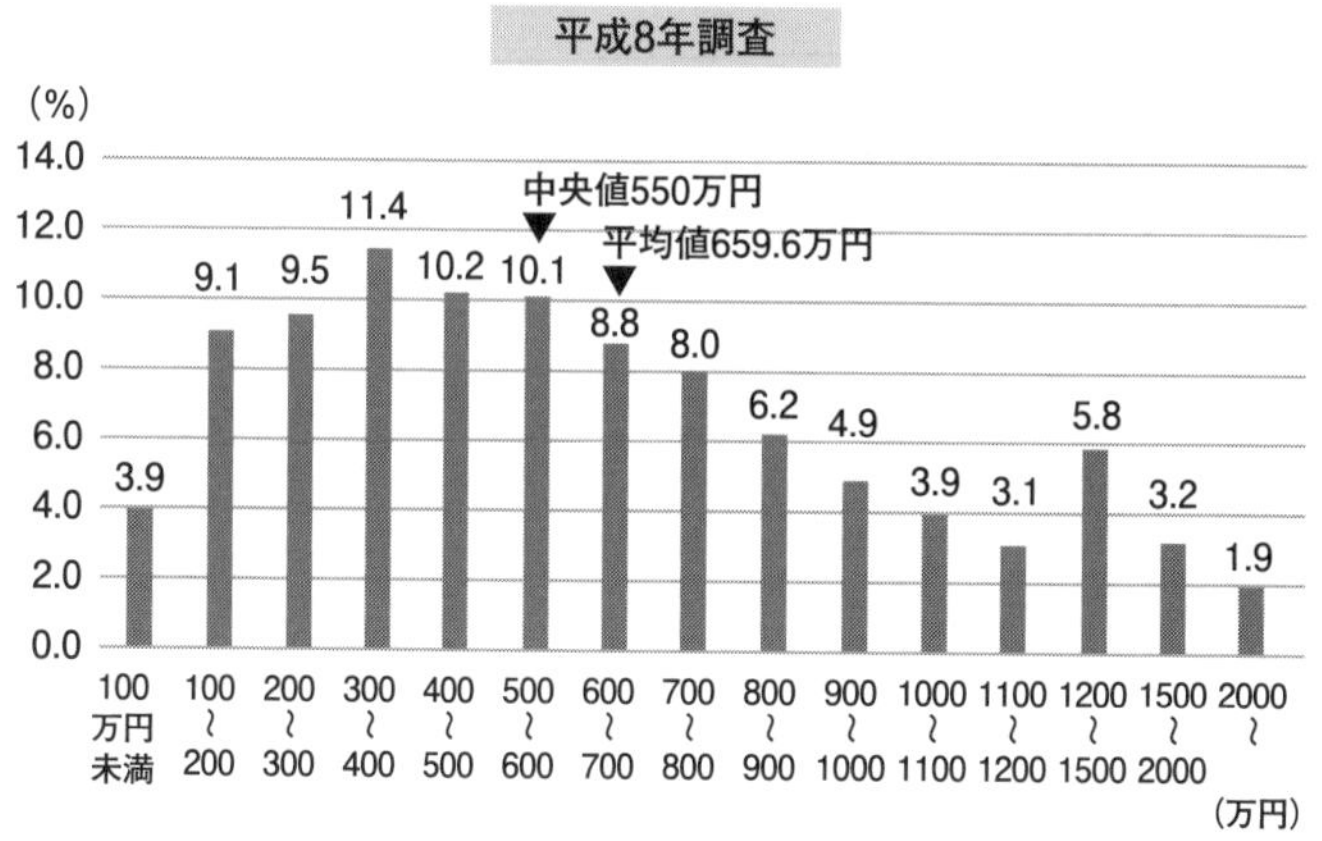

（平成７年１月１日から12月31日までの１年間の所得）

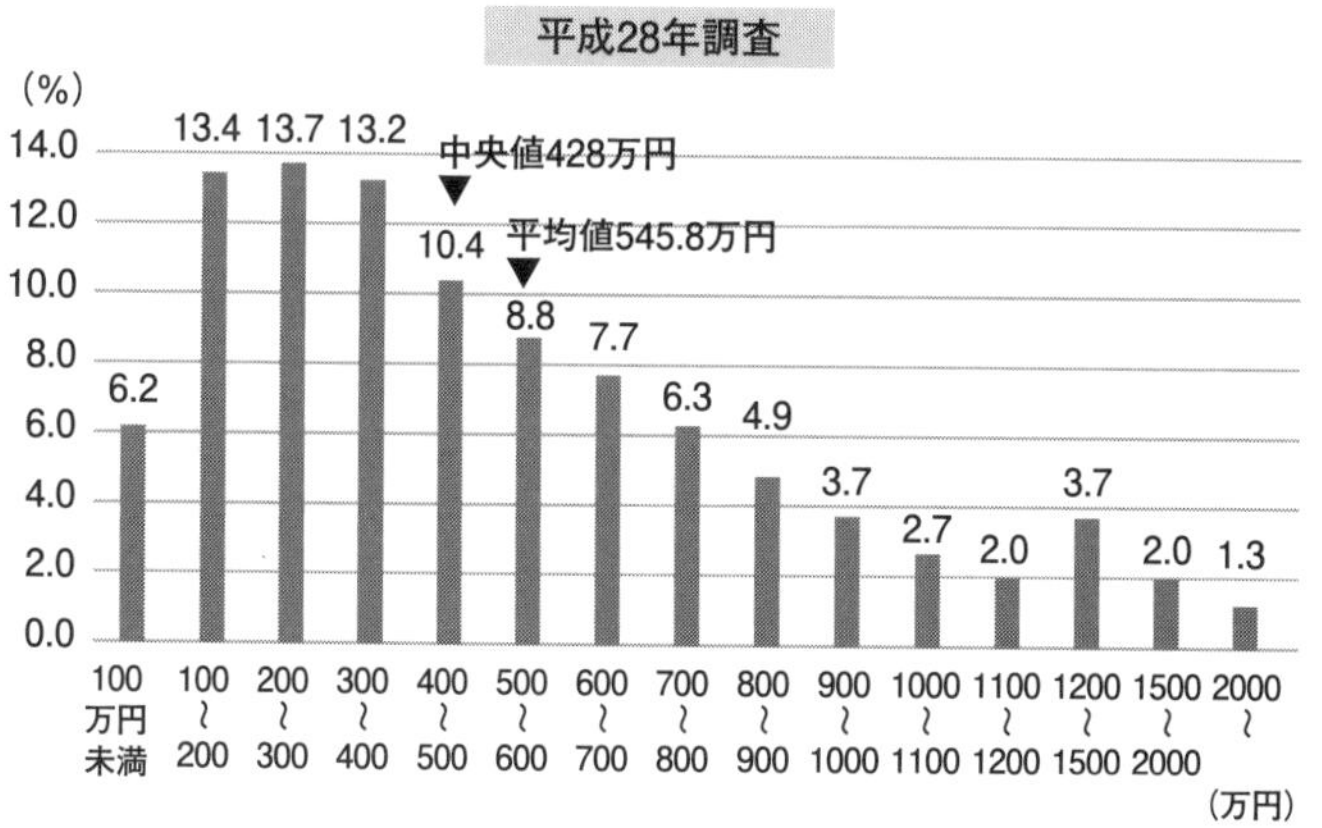

（平成27年１月１日から12月31日までの１年間の所得）
出典：厚生労働省「国民生活基礎調査の概況」

中央値428万円を中央とすると、その周辺の400万円から500万円未満には、10・4%の世帯が存在しています。平均年収の世帯数よりは多いですが、最も多いわけではありません。このような分布のグラフでは、一番棒の高いところ（最頻値）も代表的な値ですが、それは200万円から300万円未満の13・7%の部分になります。ここが、存在数では一番多いということになります。

一般的に、私たちが目にする度数分布グラフは、左右対称のものが多いのです。言い換えれば、平均値、中央値、最頻値が近い数字になっているものが多いということです。しかし、平成28年調査の世帯年収の分布は、平均値、中央値、最頻値が大きく離れています。平成8年調査のように平均値のところに多くの世帯が集まっている時には、一般的なマーケティングでは平均的な世帯年収の家庭を、ターゲットにすることが多かったでしょう。しかし、この平成28年調査の世帯では、年収のデータだけからターゲットを決めるのは、難しい判断になります。

この世帯年収のデータだけを取っても、日本の生活者の全体像は、私たちの想像していた状況と大きく異なるのではないでしょうか。これからも、日本の生活者の全体像は変わっていくでしょう。そして、何よりマーケターを悩ませるのは、マーケター自身が、この平均像に属していないことかもしれません。高度成長期のまさに「国民総中流」だったころには、マーケター自身が、マーケティングのターゲットだったことが多かったのです。しかし昨今では、**マーケターは自分の属する生活者ではない属性を、マーケティングのターゲットにしないといけないことが多いのです。**このことも、昨今のマーケティングの難しさの一つかもしれません。今までの「経験と勘」重視のマーケティングは、もはや通用しないのです。

経験を頼りにしたメディアプランの設計は危険

次の日本地図を見てください。これは、総務省が平成22年12月に地上デジタルテレビ放送対応受信機の世帯普及率について調べたものです。

まず重要な事実は、世帯普及率が１００％ではないということです。今までマーケターは、テレビの世帯普及率が１００％と思い、視聴率データを見ていると思います。しかし、この調査を行った平成22年12月の地上デジタルテレビ放送対応受信機の世帯普及率は、約95％です。つまり、約５％の世帯にはテレビＣＭでは到達できないという事実があります。

地図を見てわかるように、47都道府県で地上波デジタルテレビの普及率に差があります。

地上デジタルテレビ放送対応受信機の世帯普及率

出典:総務省「地上デジタルテレビ放送に関する浸透度調査」(平成22年12月調査)

性年代別メディア総接触時間（1日あたり／週平均）:東京地区

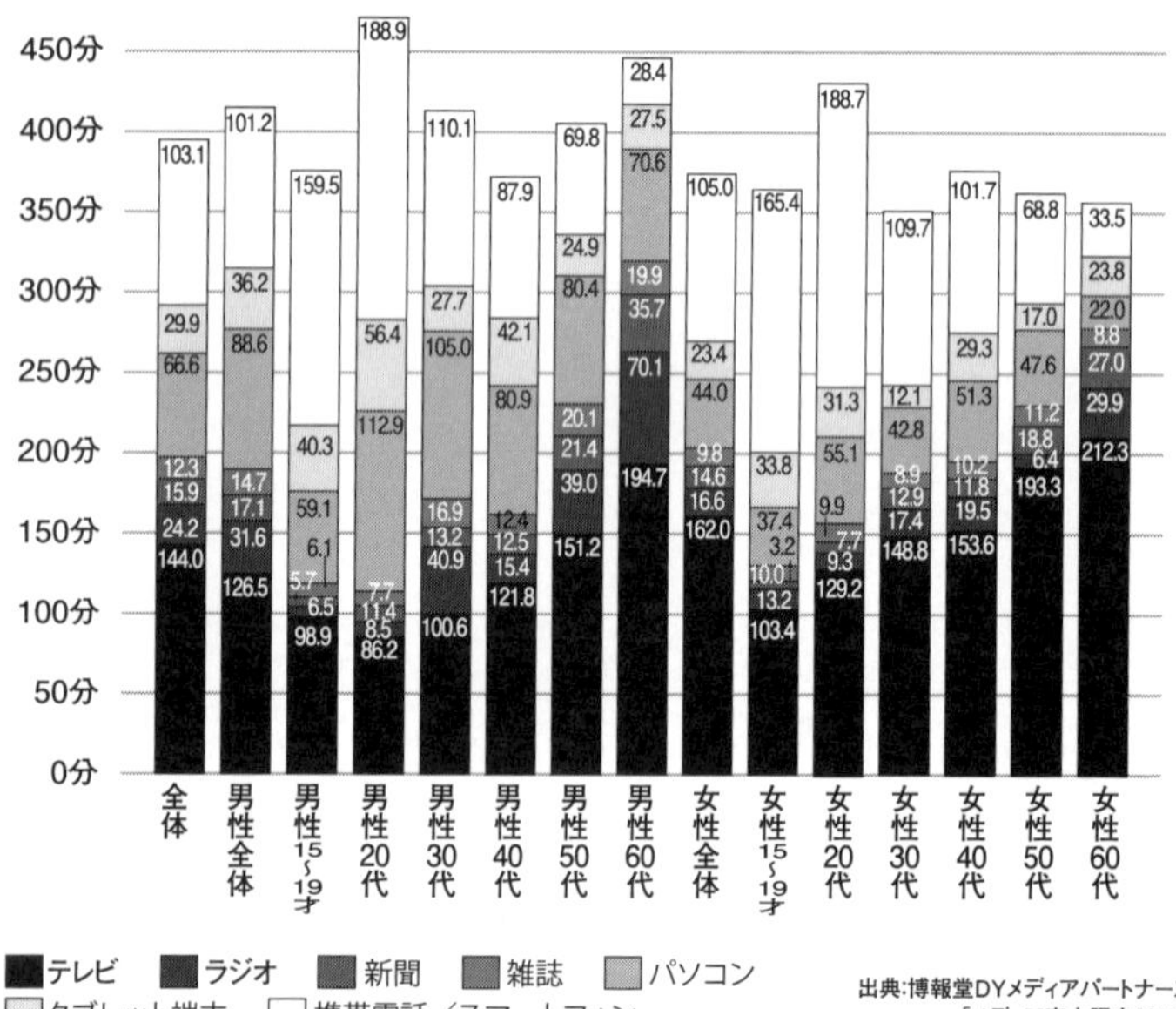

出典:博報堂DYメディアパートナーズ
「メディア定点調査2018」

一番普及率の高い県は、三重県で97・８％です。逆に一番低い県は、沖縄県の88・９％で、実にその差は８・９％にもなります。

このように、**マーケティングにおける重要な要素であるコミュニケーション設計もさまざまなデータを見ないとできません。経験と勘だけでは駄目なのです。**

さて、生活者のメディア接触状況はどうでしょうか。こちらは、有名なデータとして、博報堂ＤＹメディアパートナーズ「メディア定点調査２０１８」のメディア総接触時間について見てみましょう。

１日あたりのメディア接触時間（週平均、東京地区）は、性・年齢によって大きく異なります。女性20代では、パソコン、タブレット端末、携帯電話／スマートフォンの利用時間の合計が、２７５・１分になっています。この時間はテレビ、ラジオ、新聞、雑誌の合計１５６・１分を大幅に超える時間になっています。

以前から世代別にメディア接触状況は大きく異なると言われていましたが、改めてデータをきちんと見ることで、その違いに驚くはずです。

このメディア接触に関して面白い例があるので、少しご紹介しましょう。皆さんは、スマートフォン用のラジオ視聴アプリ、ラジコ（radiko.jp）をご存じでしょうか。このアプリでは、有料会員になると全国のラジオが好きな時間に聴け、便利で人気のアプリです。最近テレビでは音楽番組が少なくなりました。しかし、ラジオには多くの音楽アーティストが番組を持っており、それを聴きたいファンがラジコを使って、聴いているのです。

このラジコ、物理的なラジオ受信機を見たことのない10代の若者にとっては、デジタル通信サービスと認識されているのではないでしょうか。つまり、テレビ、ラジオなどの定義も、世代によって異なってきているのかもしれません。

このような日本市場の多様性や、個人ごとの違いはますます広がるでしょう。つまり生活者にとって、日本には多くの選択肢があるということであり、また個人ごとに異なる判断をしても良いということでもあります。

もはや日本のマーケティングの世界には、見本的な、代表的な日本人像というものがないのです。このことは、今までの戦後に急成長した日本市場のマーケティングと、現在のマーケティングの大きな違いの一つです。

日本へ訪れる観光客も重要なお客様

マーケティングを考えると、日本の市場は大変難しくなってきています。一方、日本自

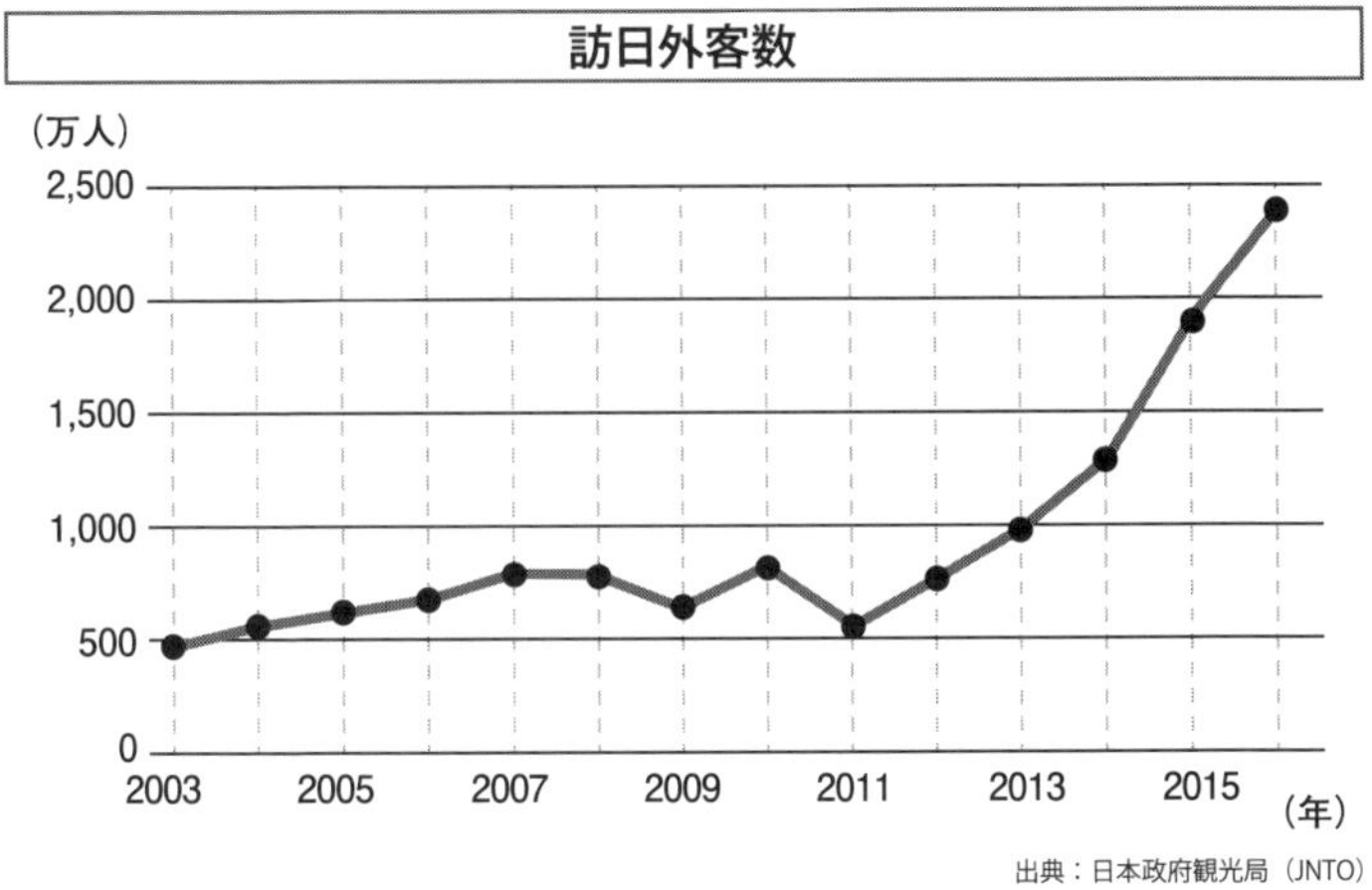

体は魅力的な国です。四季があり、都市近郊にも自然があり、日本食も世界中にファンを増やしています。

これらの理由もあり、日本には実に多くの観光客が訪れています。昨今は、中国人観光客が増加し、それを象徴する「爆買い」なる言葉が流行りましたが、この観光客の増加は、この数年続いている傾向です。

ここに示したグラフは、日本政府観光局（ＪＮＴＯ）が発表している訪日外客数を年次でまとめたグラフです。２０１１年には東日本大震災があり、外国人観光客は一時的に減少しました。しかし、２００３年以後、ほぼ毎年訪日外国人観光客は増加をしてきました。そして、２０１６年には初めて外国人観光客が２０００万人を超えて、２４０３万９７００人になりました。これだけ多くの観光客が訪問することは、もちろん日本市場にとっても影響があります。

今まで、日本市場のマーケティングを考える時には、日本在住の日本人を考えてきたと思います。しかし、**これからは日本を訪問する外国人観光客もターゲットになるでしょう。**

このような観光客をマーケティングの対象とする時には、**今までの日本人を対象とするマーケティング以上にさまざまなデータを見て、対象者を理解しないといけない**でしょう。

日本で売れている商品と、現地で話題になっている商品は違うのではないか？お土産という文化があるのか、ないのか？あるとすれば、平均何人くらいの人に何個、お土産を買って帰るのか？など、さまざまなデータを見ないといけないでしょう。

意外と多い外国籍の定住者

訪日外国人観光客が増加していることと同様に、在留外国人も増えています。法務省によると平成29年末での在留外国人数は、２５６万１８４８人（中長期在留者数は２２３万２０２６人、特別永住者数は32万９８２２人）となっています。全人口に占める割合からすると少ないと思われるかもしれませんが、今日本の新生児の出生数が、約

１００万人ですから、在留外国人で、２年分の人口を構成しているとも言えます。これまで日本市場は、日本国籍が多くを占める市場だったのですが、その様子は変わりつつあるのです。

このことは、日本だけで起きている現象ではありません。例えば、アメリカでは近年、南米からの移民が増えたために、英語を話す人に加えて、スペイン語を話す人も増えています。観光立国のフランスでは、人口が約６７００万人（２０１８年）なのに対して、観光客は国連世界観光機関の調査では約８２００万人（２０１６年）と、人口を上回る人々が訪れています。

多くの国で、その市場の多様さが増している中で、世界のマーケターは戦術を立てて、実行しています。日本のマーケティング会議でも、この数年でようやく外国籍の人について話題になることが多くなってきましたが、諸外国では以前から議論されていたのです。外国籍の人の、国内市場での存在感は、ますます増えていくでしょう。今までのマーケティングでは、海外のマーケットでマーケティングをすることをグローバル化と呼んでいました。

しかし、**これからは、国内市場に外国籍のお客様が参加され、結果グローバルなマーケットが作られていくでしょう。**これまでは、言語はある意味壁であり、コミュニケーション相手を限定するものでした。多くの日本の広告主のＷｅｂサイトは日本語で公開されており、その背景には日本語のわかるお客様を相手にしたいという考えがあります。ところが最近は、グーグル翻訳を使って、日本語のＷｅｂサイトを自分で翻訳し、さらに母国語をまたグーグル翻訳を使って日本語にして、メールを送るお客様がいると聞きます。

移動手段や便利な技術の発達により、お客様は地域や言語の壁を乗り越えて、どの市場にでもアクセス可能になっています。今まではマーケターが、ローカル・ビジネスなのか、グローバル・ビジネスなのかを決めていましたが、お客様にその主導権が移り始めているのです。

前述のように多様化する日本の市場に、これからますます観光客や外国籍の定住者が増えていき、日本市場の複雑さ、多様さは、今後さらに増していきます。日本在住者以外を対象にマーケティングをするにあたっては、「経験」がないばかりか「勘」は通用しません。データを見て考えないといけません。

日本市場が多様になり、グローバル化が進むことを念頭に置いて、今後のマーケティングを考えることも、マーケターの重要な仕事の一つになっているのです。

大量生産からカスタムメイドへ

ここまで、日本の市場について、世帯年収、メディアの接触、日本の市場を構成し始めている外国籍の人のデータを見ながら考えてきました。

皆さんも、普段の日本での買い物や、国内旅行に行ったときに、日本の多様性を感じることが多いのではないでしょうか。日本語以外の言語を聞くことが、増えているでしょう。いろいろな国の方のいろいろな買い物シーンも見ることでしょう。

また、普段の皆さんの生活の中でも、今までは年齢ごとに、なんとなく決まっていたライフステージも、異なってきていることに気づいているでしょう。30歳になる前に結婚という、マイルストーンもなくなっています。ここ最近、話題になることとして、小学校の授業参観の親御さんの年齢の幅の広さなども、その一つの例かもしれません。

今までは、「国民総中流」＝「ほぼみな同じ暮らし」「年齢ごとにライフステージが一緒」でした。しかし、もうそんな時代ではない。このことが、今のマーケティングを複雑にしています。いや、正しく言うと**「過去の成功体験が大きいマーケターには、理解しにくい時代」**になったのです。

これまでのマーケティングは、ある意味理想的な市場で行っていました。出現数の多いお客様像を定め、そのターゲットに向けて、一つのメッセージ、一つの商品やサービスの約束でマーケティングを行ってきました。しかし、**現在は出現数の高い顧客層を定めることが難しい**のです。

もっと客観的に説明すると、今までは出現数の多い、同じ属性のグループが存在していました。性別、年齢、家族構成、年収、趣味、将来の夢など、実に多くのパラメータが、同じだったのです。そこで、私たちは、その属性のために大量生産、大量販売モデルを取り入れ、マス・マーケティング、マス・コミュニケーションを行ってきたのです。

しかし今は、同じ属性のグループで、同一なパラメータというのが少なくなっています。同じ音楽アーティストは好きでも、性別も、年齢も、家族構成も、年収も違う。同じボランティアに属していても、それ以外に共通項がない、などです。そして、多くの人が異なる複数の属性グループに属しています。

そのため、今まで以上により多面的に、そのお客様を理解しないといけません。それほど出現数の高いグループも存在しておらず、マーケティングを行うには、複数の属性の異なるグループに向き合わないといけないのです。

つまりマス・コミュニケーションではなく、グループ別、またはパーソナル・コミュニケーションが求められているということです。**一つのメッセージではなく、グループごとに、または個人ごとに異なる複数のメッセージが必要なのです。**大量生産ではなくカスタムメイド。大量販売ではなくお客様別の販売方法。このように、多くのマーケティングの実行方法が変わってきています。この変化は、日本人が多様性を許容し「個性」ある暮らしを選択できるようになった結果とも言えるでしょう。一度多様性を許容したら、もう元には戻れないはずです。日本市場は個性ある暮らしを実現できるだけの多様な商品、サービスが存在しているのです。

「自分に相応しいモノが欲しい」お客様の満足度を上げる

ここまで、多様化している日本市場の状況と、現在のマーケティングにおける課題を考えてきました。一方で今までのマス・マーケティングで成功している企業はもちろんあると思います。最後に、このことについて少し考えたいと思います。

実は、この日本市場の多様性は、多様性を感じるときと、感じないときが存在するのです。日本市場で、ここしばらくは、お客様は「人」でしょう。いくらＡＩ（Artificial Intelligence／人工知能）が進化しても、今すぐにお客様がＡＩに代わることはないでしょう。そう考えると日本市場は、「人間」がお客様なので、実に均一の市場である。そのように捉え、定義することも可能なのです。

つまり、市場の多様化というのは、市場の観察の精度に依存するのです。精度が低くても、マーケティングできるのであれば、日本はまだまだ、マス・マーケティングが行え、日本の市場にマス・グループがあると理解することができます。お客様の違いを考慮せずに、マーケティングすることは不可能ではなく、その手法も残り続けます。

ただし、お客様の満足度や関係性を考えると、よりお客様に寄り添ったマーケティングを展開しないといけないのです。日本は高度成長期を終え、「モノ」が足りないという時代から「自分に相応しいモノ」を探す時代に変わりました。**一人ひとりに向き合ってほしいというお客様の意識が過去より高くなってきているのです**。マーケティングの世界でも、ＬＴＶ（Life Time Value／顧客生涯価値）や、顧客満足度という言葉が出現しています。このお客様に寄り添ったマーケティングは、実はこれまでも求められていたのかもしれません。この後説明するように、技術や手法がないためにできなかっただけなのでしょう。

これからは、デジタルを使って、マス・グループをターゲットにするのではなく、お客様ごとに寄り添うマーケティングを行うべきなのでしょう。つまり、マス・マーケティング以外のマーケティングを実践する時が来たのです。

第2章

新たなマーケティングが求められる理由

マス・マーケティングが機能しないワケ

日本では、長らくマス・マーケティングを行ってきました。マス・マーケティングの基本は、安価な商品、サービスを多量に販売すること。戦略はシンプルでした。ある企業が新商品を出した場合には、後発の企業がその商品よりも安価、または同じような価格で高機能の商品を出せば、その市場のシェアを奪えます。そして、その**シェアが高くなればなるほど、大量生産を行うことができ、価格も下げることができました**。市場＝消費者の集合という考え方で、多くの消費者が望んでいる場合には、マス・マーケティングは上手く機能していたのです。

多くの消費者が同じものを望むためには、消費の価値観が画一的であることが重要です。言い換えれば、商品やサービスの選択基準が同じであるということです。このマス・マーケティングでは、市場調査という言葉が重要視されました。市場が、消費者の塊であり、個々の消費者が異なるとは考えていなかったからです。

前章で考察したとおり、日本市場にはすでに多様性があります。市場環境が変化し、生活者の価値観が画一的ではないのです。つまり、マス・マーケティングが機能しにくい時

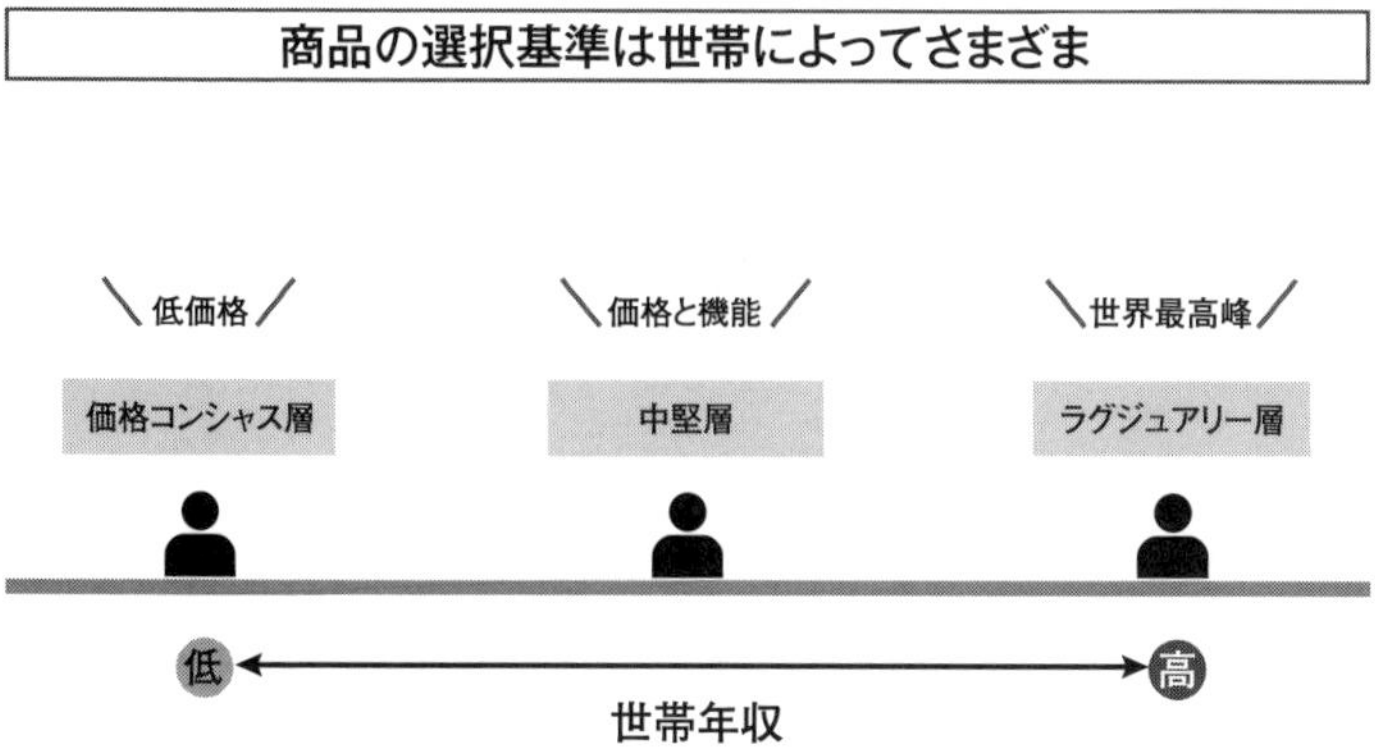

代に突入しています。

例えば、仮に商品がシャンプーだったとしましょう。年収が少ない世帯では、選択基準は価格重視になります。ある程度、可処分所得のある、中堅の世帯年収の場合は、価格とシャンプーに期待する効果を天秤にかけて、合理的に購入するでしょう。さらに、所得が高い世帯では、逆に高価格のものから選択するかもしれないですし、シャンプーはサロンで行ってもらうのかもしれません。

このことを別の視点、生活者の視点から見てみましょう。私たちが買い物に行く時に、一番売れているものより、自分に相応しいもの、自分の行いたいことに最適なものを選択することが、最近は増えてきているのではないでしょうか。そして「自分に相応しい」という定義も、お客様ごとに異なります。生活者の買い物での要求は今までよりも複雑になっています。

さらに、この商品・サービスの選択基準も、時間によって変わります。あるときには、髪の毛をいたわるシャンプーを選んだとしても、次回は香りで選ぶかもしれません。つまり、今の市場は人ごとに基本的な価値観が異なり、その一人の「人」を切り出したとしても、「時」によって求めている「こと・もの」が違うのです。

ランドセルの事例を紹介しましょう。私が小学生だった時のランドセルは、ほぼクラスの他の子と同じメーカーで、色も男子は黒、女子は赤と決まっていました。しかし昨今のランドセルは、さまざまな色や形のものが存在しています。利用者は小学生ですが、購入者はその親の場合もあれば、祖父母の場合もあります。そして、その祖父母が購入する時でも、初孫の場合と、2回目では選択の基準が変わっているのではないでしょうか。ランドセルの購買ひとつをとっても、お客様の選択基準は増えて、商品もそれに合わせて多様化しています。結果、ランドセルのメーカー別シェアや、ブランド別のシェアは下がっているのです。私たちの身の回りには、このような事例が本当に多く存在しています。つまり、過去は数社、または数ブランドでシェアを独占していたものが、現在はそうなっていない事例が多くあるのです。

マス・マーケティングはシンプルだったのですが、問題もありました。市場が望んでいるというだけで、商品の機能を大幅に変えたり、時にはブランドの定義を変えたりすることは、その一例です。つまり、**マス・マーケティングでは、より多くのお客様が集まっているグループに目を向けるばかりに、今支持してくれているお客様を、時に見捨てるような行動をしたこともあったのです。**

しかしこの行動自体が、ブランドにとっては統一性がなくなることになり、ブランド価値の弱体化を招いてきました。

さて、現在はマス・マーケティングが機能しないことが多くなり、また極端なマス・マーケティングを行うことの弊害も出始めています。

市場が変わったのですから、私たちマーケターは、マーケティングの方法を変えるべきです。そして、それとともに大切なのは、なぜマーケティングを行っているのか、というマーケティングの目的を再設定することです。

マス・マーケティングは、その戦略自体に市場規模の拡大が含まれていました。しかし、本来のマーケティング、それ自体には規模の拡大は含まれていません。マス・マーケティングの経験から、マーケティングの最終目標が、売り上げ拡大、利益追求になっているかもしれませんが、それはビジネスからくる目標であり、マーケティングの目標ではないかもしれません。

これからのマーケティングは、多様さがますます増加する市場で、継続的に生き残る、つまり生活者に支持され続けることが重要なのでしょう。その支持が結果として、売り上げや利益を生むのではないでしょうか。

脱・規模優位時代

これからのマーケティングを考える前に、過去のマーケティングを振り返ってみましょう。『コトラーのマーケティング3.0 ソーシャル・メディア時代の新法則』（フィリップ・コトラー、ヘルマワン・カルタジャヤ、イワン・セティアワン（著）、恩藏直人（監訳）、藤井清美（翻訳））という本が、2010年に日本で翻訳出版されました。読まれた方も多いのではないでしょうか。この本では、アメリカの市場環境の変化と、マーケティングの考え方について述べられています。いくつか整理して考えてみましょう。

1960年代に「4P」という考え方が登場しました。 4Pとは、製品（Product）、価格（Price）、流通（Place）、プロモーション（Promotion）の4つの単語の頭文字です。マーケティングを考える時に、商品設計、価格戦略、販売チャネル戦略、広告戦略の4つをきちんと考えれば、成功の確率が高くなるというものです。しかし、現在では多くのカテゴリーでは商品の違いを生み出すことが困難になっており、この４Ｐが通用しなくなっている場合もあります。

１９８０年代には2つの相反する言葉が、マーケティングに登場します。「グローバル・マーケティング」と「ローカル・マーケティング」です。このころは、世界展開することと、地域密着型のマーケティングは、異なるものと理解されていました。アメリカのいくつかの企業は、グローバル・ブランドの確立のために、同じブランド名、同じ機能の商品、同じ広告を世界で展開し、世界でのシェアを取ろうとしました。しかしその後、民族、宗教、文化の違いに応じて、マーケティング・プランを変更しないといけないことを学び、最近ではグローカリゼーション（グローバリゼーションとローカリゼーションの2つの単語からできた造語）という、ある部分はグローバルで同じ様に行うが、ある部分は地域に相応しい形に変更するという考え方が出ました。

２０００年代には、「ブランドエクイティ」という言葉が浸透し、ブランドそれ自身の価値にも注目が集まるようになりました。そして、このころから、ブランドストーリーや、ブランドの信頼性などが議論されるようになりました。つまり、それまでのマーケティングでは短期投資に注目が集まっていたのですが、中・長期の投資についても議論されるようになってきました。

マーケティング投資というのは、今まではある時期に売り上げを得るために広告宣伝や店頭活動を行うことが主でした。逆に言えば、広告宣伝の効果測定は、売り上げのような短期収入でのみ評価していました。しかし、この「ブランドエクイティ」という言葉が登場してからは、マーケティングにも過去からの積み重ね効果があることが広く認知されるようになったのです。

さて、ここまで『コトラーのマーケティング3.0』の中で触れている、マーケティングの変化について主なものについて考えてみました。アメリカの市場と日本の市場は必ずしも同じ環境にはないので、いくつか異なる部分もあるかもしれません。しかし、ここで皆さんと共有したいのは、第2次産業革命以後に広まった近代マーケティングも、ここまでいろいろな変化を経て、新しい考え方が登場したということです。

では、これからのマーケティングはどうなるのでしょうか。現在は「脱・規模優位時代」なのではないでしょうか。

「脱・規模優位時代」、言い換えれば、大企業優位時代の終焉でしょうか。もう少し丁寧に説明すると、大規模な企業でなくても、企業の維持や成長が見込める時代になりました。今までは、資本力の大きさ、従業員の多さなどが、ビジネスに優位に働いていたでしょう。しかし、インターネットやフィンテックなどの登場により、私たちのビジネスの流れが大きく変わりました。今までの物流やお金の流れは、ある規模以上でないと、手数料や中間コストが嵩んでいました。しかし、これらのコストは格段に下がりました。メルカリのようなＣ　ｔｏ　Ｃサービスが可能になったのは、その一例です。

今までのマーケティングは、この「規模優位」を維持するように行ってきたことが多いのです。つまり、**利益率が低くても、売り上げが伸びれば良いという戦略を多く実行してきたのです。**そのことは、企業の維持のために必要でした。組織をさらに大きくして、大規模の組織を目指し、さらに企業の優位性を高める。このためには、多少利益率を無視してでも、市場規模の拡大のために、売り上げを伸ばしてきたのです。

では「脱・規模優位時代」ではどうでしょうか。環境の変化に合わせて、新たなマーケティングの戦略について議論し、創造するときが来ているのではないでしょうか。今、多くのマーケターが、環境の変化を肌で感じていると思います。環境が変わったのに、マーケティングを変えず、今までどおり行っていても大きな成功は生まれないでしょう。

デジタル・メディア、アド・テクノロジーとの向き合い方

マーケティングの一般論を話すときに、「これからはデジタルの時代だから、デジタル・

マーケティングを進めないといけないのでは」と質問されることがあります。事実、デジタルの時代になりました。ところで、このデジタル・マーケティングとは何でしょうか。

一般にデジタル・マーケティングとは、デジタル・メディアとアド・テクノロジーを使ったマーケティングのことを言います。

まずは、デジタル・メディアに関して、再度整理を行ってみましょう。基本的には、Webサイトを中心としたメディア活用です。自社や商品のプロモーションサイトが、オウンドメディア（Owned Media）です。図で、一番上に位置しているペイドメディア（Paid Media）は、バナー広告やキーワード広告。そして、デジタル・メディアの一つの特徴として、フェイスブックやLINEなどのアーンドメディア（Earned Media）があります。

デジタル・メディアにはこのように、3種類の異なる機能のメディアが存在していることが、旧来のテレビ、ラジオ、新聞、雑誌などとは異なる点になります。これら、3つのメディア空間を総称して、ペイド、オウンド、アーンドメディアの単語の頭文字を取って、P・O・E・Mと呼びます。

デジタル・メディアは、非常にポテンシャルがありますが、危うさもあります。実は、多くのマーケターは今までペイドメディアの経験しかなかったのです。テレビ広告を考えるときにも、テレビの番組は放送局が用意しており、マーケターはどの番組にお客様が多

デジタル・メディアの種類

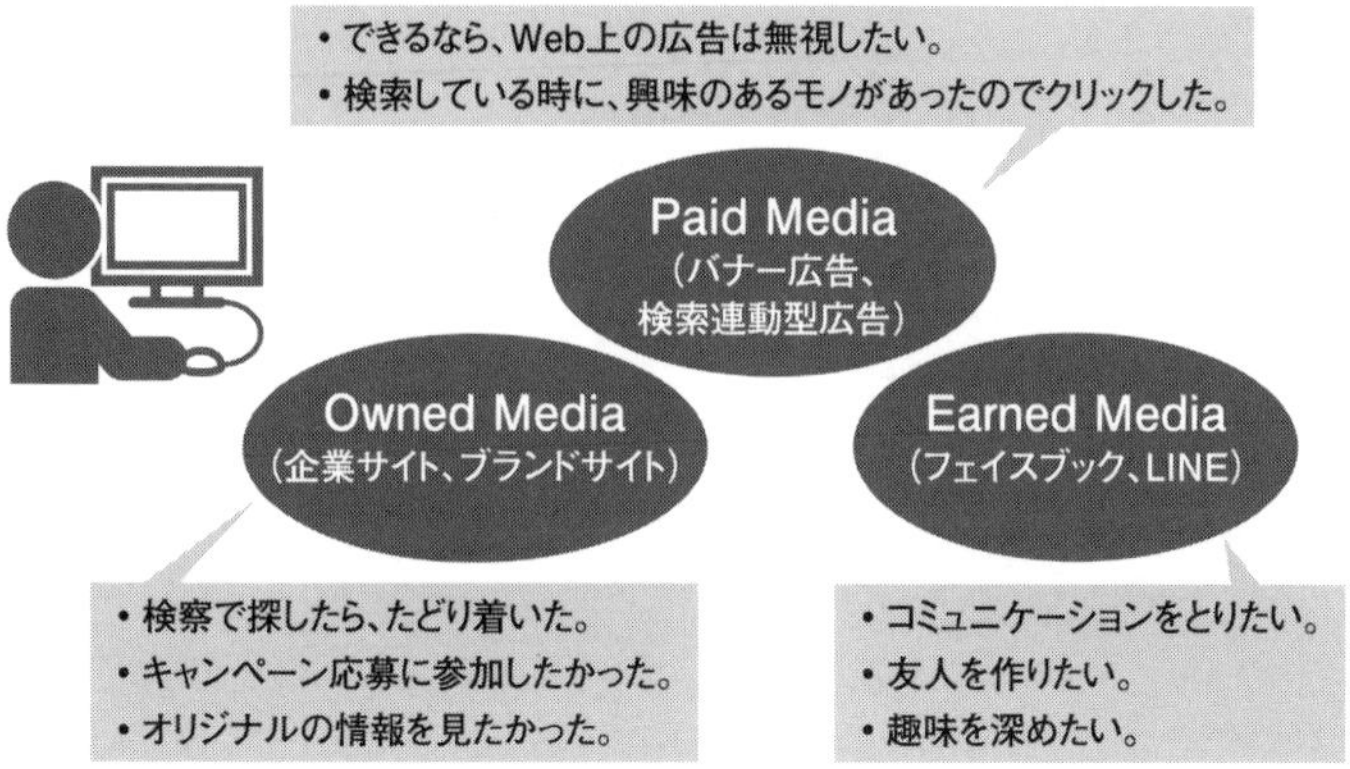

・できるなら、Web上の広告は無視したい。
・検索している時に、興味のあるモノがあったのでクリックした。
Paid Media
（バナー広告、
検索連動型広告）
Owned Media
（企業サイト、ブランドサイト）
Earned Media
（フェイスブック、LINE）
・検察で探したら、たどり着いた。
・キャンペーン応募に参加したかった。
・オリジナルの情報を見たかった。
・コミュニケーションをとりたい。
・友人を作りたい。
・趣味を深めたい。

くいるのかを考えて、広告を挿入していました。雑誌の広告でも、例えばどの雑誌に、化粧品ユーザーが多くいるのかを検討し、化粧品の広告を挿入していました。これまでマーケターは、オウンドメディアの企画・制作は行ってきていないのです。そして、このデジタル・メディアの窓が開いた瞬間に、多くの企業が自社・自ブランドのサイトを作り始めました。当然、すべての企業のサイトに、期待していたほど人が集まるわけではありません。人がサイトに来ないので、結局ペイドメディアにサイト自体の広告を出しているのです。

　少し冷静になって考えましょう。今までの、テレビ、雑誌の広告の目的は何だったのでしょうか。商品やブランドの情報を出しているのであって、テレビ番組、雑誌記事自体の広告をしてきたわけではありません。しかしデジタル・メディアでは、なぜかサイトの広告を出しています。

このように考えると、実は旧来のメディア活用と、デジタル・メディアの活用は異なる点が多いのです。もちろん、オウンドメディアを否定するわけではありません。オウンドメディアでは、生活者に意味のある情報を届ければ、非常に良い情報伝達が可能で、ファンを育成・維持することが可能です。

しかし、一歩下がって考えると、デジタル・メディアだけでは非力な部分もあり、デジタル時代だから、デジタル・メディアに投資を集中するというのは、やや行き過ぎた考えでしょう。つまりマーケティングの3C分析的に考えれば、デジタル時代だからといってデジタル・メディアだけを使うのではなく、**お客様が利用しているメディアを、その状況に合わせて活用するというのが、正しい議論でしょう**。

次に、アド・テクノロジーについてです。近年のマーケティングのデジタル・テクノロジーは、以前から話題になっていたアド・テクノロジーだけではなく、マーケティング全般を支援するテクノロジーも登場してきました。

初期段階では、ペイドメディアの広告をより効率的に運用するアド・テクノロジーが注目されていました。初期段階でのペイドメディアでは、広告が表示回数やクリック回数を目標としすぎたばかりに、これらの指標を改善するツールがたくさん発表され、活用されてきました。

しかし、近年ではデジタル・メディア以外の、他のメディアの影響や、実営業の行動などのデータなども併せて考える、キャンペーン・マネージメント・ツールや、分析ツールも出てきました。

マーケティングに関するデジタル・テクノロジーも、デジタル・メディアだけではなく、すべてのメディアのマーケティングを含むツールが出てきているのです。つまり、これから求められている、デジタルとは、デジタル・メディアだけではなく、**すべてのメディア、接触ポイントを含んだ、総合的なデジタルを活用したマーケティングなのでしょう。**

デジタル・マーケティングとマーケティングのデジタル化の違い

では、今求められているマーケティングとは何でしょうか。今求められているマーケティングとは、「**デジタル・マーケティング**」**ではなく、**「**マーケティングのデジタル化**」ではないでしょうか。

「デジタル・マーケティング」とは、前述したように、デジタル・メディアに特化したマーケティングです。しかし、今求められているのはすべてのメディア、タッチポイントを活用でき、今まで以上にデータ・ドリブンなマーケティングです。つまり「マーケティングのデジタル化」なのです。

今までもマーケターは、データ・ドリブンなマーケティングを行っていました。市場の売上金額、売り上げシェア、購入者数など、市場のデータをたくさん活用していました。そこに、コンピューターの技術進化に伴い、ID-POSという個人別の購入データ、リアルタイムの工場の出荷データなどが加わり、データの精度、さらに速報性が向上しました。そして、昨今ではこれらに加えて、お客様のＷｅｂでのアクセス状況や、店頭での購買履歴などの多量のデータが、クラウドの技術により、保存、分析可能になったのです。

昨今話題のＤＭＰ（Data Management Platform／データ・マネージメント・プラットフォーム）を例に説明しましょう。ＤＭＰは、Ｗｅｂにアクセスしたときに、Ｃｏｏｋｉｅやその他の識別子を使って、Ｗｅｂ空間の行動を保管・分析することが可能です。例えば、自社サイトに訪問した人がどのような広告を見て訪問したのか。また、外部のどのようなＷｅｂメディアを見たかなどがわかります。

例えば、結婚式場のサイトの場合、これまではお客様にメールアドレスを入力してもらい、具体的な結婚式のプランなどをメールで送付していました。しかし、このDMPを活用すると、お客様が、他の結婚関係のメディアで「家族、友人などプライベートパーティー」を中心に見ていたことがわかれば、自社の結婚式場サイトに訪問したときに、「家族・友人など親しい人が喜ぶ結婚式プラン」などの情報を提示することが可能になります。

つまり、このDMPの仕組みを使うと、今までのターゲティング別のメッセージをより丁寧に出すことが可能です。また、この仕組みによって、メッセージを出すタイミングについても、最適化することができます。

ビッグデータ時代の今、このようにさまざまなお客様を理解するデータを集められるようになってきました。これは大きな変化です。

これまでのマーケティングの広告は、すべての人に同じメッセージを届けていました。そして、お客様の状況が違っていても、同じメッセージが届いていました。そのためお客様にとっては、広告は自分に関係のない情報と認知され始めました。結果、皆さんが悩むことになるように、広告がお客様に嫌われ始めているのです。

メディアのプロセスがアナログだったために、これまでの広告は、全員に同じメッセージを届けることしかできませんでした。しかし、今では多くのメディアがデジタル・プロセスで届けられています。

一番わかりやすい事例を紹介しましょう。それは印刷メディアです。15世紀にグーテンベルクが開発したとされる活版印刷は、最も古いマス・メディアと言ってもよいでしょう。この活版印刷の最大の強みは大量印刷です。そして、それが輪転機に引き継がれて、大量高速印刷時代を迎えて、私たちは日刊の新聞というメディアに、安価に接触できるようになりました。そこに、近年革命を起こしたのが、HP（ヒューレット・パッカード）社のIndigoシリーズのプリンターです。このプリンターは、活版のようなものがなく、ドラムにインクジェットでイメージを作り、紙に転写します。高速なインクジェット・プリンターだと考えてみてください。そして、その工程は輪転機とほぼ同じなのです。つまり、高速に種類の違う印刷が可能になったのです。

このインクジェット輪転機は、印刷における大きな革命です。これまでコピー機（複合機）は、トナー印刷で種類の異なる印刷を可能にしましたが、その速度が問題でした。インクジェット輪転機は、コピー機のように種類違いの印刷をするだけでなく高速の印刷を可能としたのです。例えば、ダイレクト・メールを、過去のWeb閲覧や店舗での購入履歴に基づいてお客様ごとに作成する。このようなことがすでに可能になっています。

この印刷技術の革新を使ったマーケティングも実に多くの企業で行われています。例えば、LATAMブラジル航空（旧TAM）は2015年に、搭乗者のフェイスブックアカウントに応じて、お客様ごとに異なる機内誌を席に置くという取り組みを行いました。皆さんは機内誌を持ち帰ったことがありますか。おそらく多くの方は、ないでしょう。しかし、このLATAMブラジル航空の機内誌には、**それぞれの名前も入っていますし、フェイスブックでの書き込みやシェアしている内容により、その人ごとにスポーツのコンテンツが多かったり、ビジネスの記事が多かったりします。また、フェイスブックに公開した写真なども、印刷されています。**結果、多くのお客様がこの機内誌を記念品のように持ち帰り、機内誌の中に入っている広告のリアクションも多くなったのです。

ここで重要なのは、顧客データを使った理解、ここではフェイスブックの分析と、そこから生まれたアイデアを形にするデジタル印刷の融合です。そして、そのためには、どのような顧客データから、どのような情報を作るのかというルールが必要です。

メディア制作を進化させ、表現物を作り出すプロセスが作れれば、マーケターは、今までのように多くの人に同じメッセージを送ることから進化できます。つまり、**本当にコミュニケーションしたい人に、個人ごとに丁寧なコミュニケーションをすることができるようになります。**

私たちマーケターに求められているのは、狭義のデジタル・マーケティング、つまりデジタル・メディアの活用ではなく、すべてのタッチポイントを活用した、**マーケティング**

のデジタル化なのです。

これからは、デジタルを駆使したマーケティングで、より個人、個の組織に寄り添ったマーケティングが行われることになっていくでしょう。

One to Oneマーケティングとの違い

デジタル化によって、より個人に寄り添うマーケティングになると聞いて、それはOne to Oneマーケティングのことではと思った方もいるのではないでしょうか。

事実、これはOne to Oneマーケティングですが、**今までのOne to Oneマーケティングの進化なのです。**何が異なり、どの部分を進化させるべきなのか整理してみましょう。

One to Oneマーケティングとは、お客様一人を意識したマーケティングで、直近の購入歴や、直前のコミュニケーションから、マーケティングをより丁寧に行う方法です。

ところで、このOne to Oneマーケティングを実際行ったという事例はどれほどあるでしょうか。購入金額が高い耐久消費財などでは、CRM（Customer Relationship

Management／顧客関係管理）を活用して、購入までのプロセスをきちんと記録して営業を行っているでしょう。しかし、**購入契約完了後のデータは、メンテナンスされているでしょうか。また、本社と営業拠点のデータは統合されているでしょうか。**

今までのＯｎｅｔｏＯｎｅマーケティングでは、「データ保管期間の壁」「コンタクト・ポイントの壁」「組織の壁」がありました。これからのＯｎｅｔｏＯｎｅマーケティングでは、これらの「壁」を壊すこと、越えることが必要でしょう。

まず「データ保管期間の壁」です。今まで、データの保管は、自社内、または身近なデータセンターに保管していました。しかし、クラウド・コンピューティングが登場した今、データの保管量の限界はなくなりました。

「データ保管期間の壁」を壊すと、マーケティングにおいて、どのようなメリットがあるのでしょうか。例えば、結婚した時に登録された個人データを、そのまま維持し、他のデータと組み合わせることにより、出産や退職などのライフステージの変更が把握できて、お客様とのビジネス機会を逃さないことは言うまでもありません。また、昔の購入歴に応じたカスタマー・サポートなどを行うこともでき、お客様にとっても、サービスの質の向上につながります。

次に「コンタクト・ポイントの壁」です。先ほども説明しましたが、これからお客様とのコンタクト・ポイントは、ますます多種多様になるでしょう。実際にお客様に直接お会いした時の記録、電話でのお問い合わせ記録、購入履歴などは、今までも保管していました。これからは、それに加えて自社のWebサイトの訪問記録を保管することが重要になるでしょう。そして、**コンタクト・ポイントが増えても、データをお客様単位で紐づけできるようにすることがとても重要です。**

例えば、あるお客様のWebサイトの行動を知ってから、実際の営業を行うことを考えてみましょう。複数の商品を比較検討していたことがわかれば、その違いを説明すれば良いでしょう。そればかりではなく、DMPを上手に使い、どのような生活を考えているのか、どのような趣味なのかがわかれば、営業の時のヒントになるかもしれません。このように、実は**お客様の無意識のデータも取れることが、過去との大きな違い**かもしれません。私たちは、心配なことがあればWebで調べ、興味があればその情報サイトに行って、さまざまな情報を得ます。DMPを上手に使うことにより、このようなデータも取得可能になりました。

最後に「組織の壁」です。これまで、お客様のデータは、組織の部門ごとに保管してい

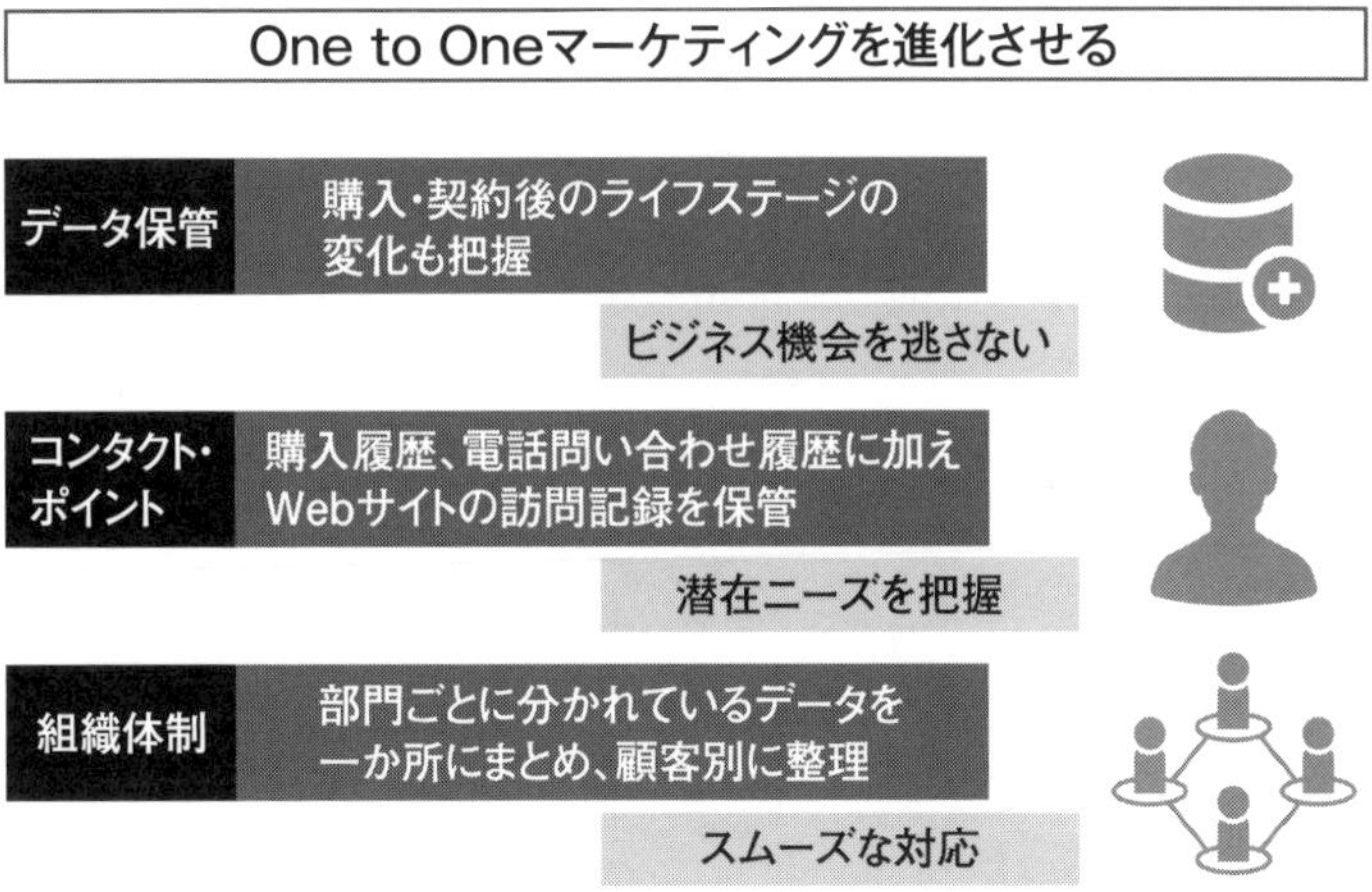

One to Oneマーケティングを進化させる

データ保管	購入・契約後のライフステージの変化も把握	
	ビジネス機会を逃さない	
コンタクト・ポイント	購入履歴、電話問い合わせ履歴に加えWebサイトの訪問記録を保管	
	潜在ニーズを把握	
組織体制	部門ごとに分かれているデータを一か所にまとめ、顧客別に整理	
	スムーズな対応	

ました。「お客様相談センター」と「顧客管理部門」にデータが分かれていたり、「本社」と「営業拠点」にデータが分かれていたりします。本来あるべき姿は「コンタクト・ポイントの壁」同様に、データが一か所にまとまり、お客様別に整理可能な状態になっていることでしょう。

「組織の壁」を壊すことにはメリットというよりも必然性があります。それは、お客様が自分の購入記録や、購入後のサポートの情報などを、企業が管理していることについて、個人情報保護法が施行されてから、これまで以上に意識しているからです。今までのように、窓口を「たらいまわし」させられるようなことは今後ますます嫌われます。お客様に向かい合う窓口や、コンタクト・ポイントでは、お客様の情報をきちんと管理し、必要な情報にスムーズにアクセスできるようにしないといけないでしょう。

このように、One to Oneマーケティングという言葉はすでに登場していますが、マーケティングをデジタル化することで、より進化します。そして、お客様にとって本当に気持ちの良い、長く関係性を保ちたいと思うマーケティングになるでしょう。このことによって、双方ともに価値のある、つまりLTVが認識されるマーケティング、そして関係性になるのでしょう。

マーケティング・プロセスの再整理

MA（Marketing Automation／マーケティング・オートメーション）という言葉を、よく聞くようになりました。Oracle Eloquaや、Marketoのような商品の登場から始まり、今では実に20以上のソフトウエア、ツールが日本でも利用可能になっています。このツールについては、誤解されることが多いのですが、マーケティングがデジタル化されていない組織にこのMAを入れても、上手くいきません。

一番の大きな誤解は、マーケティングの実行までを自動化するツールだと思われている点です。この誤解は、オートメーションという言葉からくるのでしょう。**実際にオートメーション化されるのは、マーケティング全般ではなく、個人や組織ごとのお客様の状況の判断です。**例えば、まだ認知状態にあるのか、購買直前の検討段階なのか、などといったことです。今までのＣＲＭは、すべての活動をお客様ごとに記録することが可能でした。ＭＡは、それより一歩進んで、お客様の状況、状態の変更があったら、事前に取り込んでおいたアルゴリズムをもとに、マーケターに伝えてくれます。つまり、このオートメーションというのは、お客様の管理、特に状況、状態変化の観察を自動的に行うということなのです。

少しマーケティングについて、根本的な話をしましょう。マーケティングには上記のような、お客様の変化を理解したり、市場の予測をしたりといった、サイエンスの領域があります。このサイエンスの領域は、ビッグデータとコンピューティングなどのデジタルの力を使って、大きく進化しています。

一方、コミュニケーションの設計や、そもそもの商品を０から考えるといったアートの領域もあります。このアートの領域は、まだまだコンピューティングの力は使えません。よく、ＡＩに仕事が奪われるという話題が出ますが、アートの領域はまだまだ仕事が奪われることはないでしょう。その理由は明確です。今のＡＩは、ディープラーニング（深層学習）を使うことで、過去にあった事例の中から最適なものを選択、または組み合わせることができます。しかし、過去に作ったことのない事例は出てこないのです。マーケティングにおいては、全く見たことのない、新しいコンセプトの商品を開発することがあります。例えば、私にとっては、ウォークマンのような商品です。このような新しいコンセプトの開発は、今のＡＩには無理でしょう。また、出会ったことのないタイプのお客様とのコミュニケーションも無理でしょう。よく私が使う比喩ですが、ピカソの絵画を見たことがあるＡＩは、ピカソ風の絵画を描くことが可能かもしれません。しかし、ピカソの絵画を見たことがないＡＩが、独自に独創的にピカソ風の絵画を描いたとしたら、それは、ＡＩのバグになります。というのも、今のＡＩが、データベースにあるものの中から最適なものや、最適な組み合わせを出すものである限り、データベースにないものを出してきたとしたら、これはバグ以外の何物でもありません。

話をＭＡに戻しましょう。重要なのは、ＭＡにサイエンスの領域を任せて、お客様ごとのマーケティング・プランを人が考えるという、組み合わせです。

次に、ＭＡを入れたら、お客様を自動的に探してくれるという誤解もあるようです。

ＭＡの基本は、お客様の状況・状態の観察です。従って、最初に人がインターネット広告などを出して、自社サイトに訪問してもらうような行動データが必要になります。残念ながらＭＡは、その最初の広告までを自動的に行うツールではありません。まずは、マーケターがある仮説のもとに、多くのお客様がいそうなところに広告を出すということを行わないといけません。

さらに、ＭＡを入れると、最初のリード（潜在顧客）の獲得から、クローズ（契約、購入）までが、早くなるという迷信もあるようです。クローズまでの早さは、ＭＡによるものではなく、リードの獲得からクローズまでのマーケティング・プロセスが、どれだけシンプルに、そして明確な手続きになっているかに依存します。つまり、マーケティングの方法そのものによる部分です。

そして最後の迷信は、誰でもＭＡを入れると意味がある、と考えていることです。実は、顧客数や組織数がそれほど多くない場合は、ＭＡを入れる必要はないかもしれません。例えば、顧客リストがエクセルに収まるとか、１０００社程度の顧客数のような場合には、ＭＡという複雑なツールに頼らなくても、普段から慣れているツールのままで良いのかもしれません。

どうしても、デジタル時代のマーケティングでは、デジタル・ツールやソリューションを導入したくなりますが、**重要なのはどのマーケティング・プロセスを、コンピューターなどに自動化させ、どの部分に人の適応能力、チューニング力を使うかという、マーケティング・プロセスの再整理をすることなのです。**このことが、まさにマーケティングのデジタル化なのです。

科学的なアプローチで個客の理解を深める

さて、ここまで現在のマーケティングのさまざまな課題についてまとめてきました。日本の市場が多様化し、「マス・マーケティング」という手法が使えなくなり始めています。その変化に気づいたマーケターは、さまざまな実験を行っています。しかし、今まで行ってきたことは、狭義のデジタル活用だったのかもしれません。デジタル・メディアの活用、デジタル・ソリューションの活用などが、それに該当します。

今後も続く市場の変化の中で、マーケターが継続的に意味のある仕事を行うためにすべきことは、マーケティングのプロセスそのものの見直しと創造です。データの分析は、今までより多種・多様なデータが取得可能になり、それを高速に、安価に分析することもできるようになりました。判定方法が事前にわかっていれば、ＭＡのようにお客様の状態・状況も自動的にわかるようになってきたのです。わずかな労力とデジタルの組み合わせで多くの分析が行えるのです。

最初の章でマス・マーケティングの時代ではなくなったことを説明しましたが、これからは、**誰をターゲットにするかが重要です。**そのためには、勘や経験ではなく、科学的にデータを見て考えないといけないのです。つまり、マーケティングを科学的に行う必要があるのです。

マーケティングを科学的に進めるのは、何も市場の変化への対応のためだけではありません。この後説明する企業の中の活動の変化、そして私たちマーケターとお客様との関係の変化からも求められているのです。

マーケティングは、もともとアートとサイエンスの両方の融合のビジネスです。今までは、サイエンスの領域での活動が少なかったのです。これからは、サイエンスにデジタルの力を借りることで、アートとサイエンスをバランスよく活用できる時代になったのでしょう。

第3章

シェア拡大より利益の維持へ マーケティング再考

日本のマーケティングはプロモーションに集中しすぎていた

ここで、一度マーケティングという言葉について整理してみます。マーケティングという言葉には定義がいくつかあるため、認識を共有します。

まずは、公益社団法人日本マーケティング協会が１９９０年に定義した文章を紹介します。

マーケティングとは、企業および他の組織1）がグローバルな視野2）に立ち、顧客3）との相互理解を得ながら、公正な競争を通じて行う市場創造のための総合的活動4）である。

1）教育・医療・行政などの機関、団体などを含む。
2）国内外の社会、文化、自然環境の重視。
3）一般消費者、取引先、関係する機関・個人、および地域住民を含む。
4）組織の内外に向けて統合・調整されたリサーチ・製品・価格・プロモーション・流通、および顧客・環境関係などに係わる諸活動をいう。

これが、日本マーケティング協会によるマーケティングの定義です。市場創造のための総合的活動とあります。市場、つまり「売り手」と「買い手」が取引できる場を作り、維持するための総合的活動であると定義されています。

もう一つ、マーケティングの定義を紹介します。アメリカ・マーケティング協会による2007年の定義です。

Marketing is the activity, set of institutions, and processes for creating, communicating, delivering, and exchanging offerings that have value for customers, clients, partners, and society at large.（マーケティングとは、顧客、依頼人、パートナー、社会全体にとって価値のある提供物を創造・伝達・配達・交換するための活動であり、一連の制度、そしてプロセスである。）

こちらの定義では、より具体的な活動として、「提供物を創造・伝達・配達・交換」と明確にしています。

ここでは、この2つの定義を比較するのではなく、共通の部分について考えてみましょう。まず、マーケティングとは活動なのです。そして、複数の活動・プロセスが含まれているということです。

日本では長い間、マーケティングという言葉が、広告（プロモーション）と同義でした。特に、高度成長期の時代です。前述のとおりマーケティングの整理論に4Pがあります。製品、価格、流通（販売エリア、チャネル）、プロモーション（広告、宣伝）の4種類を示す言葉です。**これまで、この4Pの領域における、プロモーションに集中しすぎていたのです。**

今まで日本のマーケティングがプロモーションに集中していたのには、それなりの理由があります。まず、流通について言うと、日本国内の市場では、それほど地域別の違いは存在していませんでした。地域ごとの消費活動には大きな違いがなかったのです。アメリカのように州ごとにマーケティング戦略や提供する商品が異なるようなことはあまりありませんでした。しかし、日本も成熟した市場になり、ここにきて地域の特色も出始めており、最近では、東日本と西日本で売るお菓子を変える企業も出始めました。

また、価格についても、国民総中流などという言葉がよく使われていた時代には、全国一律、そして変動をあまりさせないマーケティングを行ってきました。しかし、現在日本の世帯収入は、総中流などとは程遠く、世帯ごとに収入が大きく異なります。従って、マーケティングのターゲットを決めたときに、価格についての戦略を今まで以上に議論しないといけなくなっています。

そして、商品についても、大きな変化が起きています。今までの、大量生産、大量消費の時代ではなくなりました。そればかりではなく、商品の選択において、よく売れているもの、信頼のあるものという選び方に加えて、自分に相応しいもの、自分の考え方に近いものという別なベクトルの選択理由も加わっています。

これらの視点からも、現在のマーケティングでは、**お客様、ターゲットの理解が、非常に重要なプロセス、活動になっていることがわかるでしょう。**自分と異なるお客様も多く、そのお客様をどのように理解するか。そのお客様にとって、価値のある商品は何か。これらが、今までのマーケティング以上に求められているのです。

デジタル時代だから、技術が進んだから、マーケティングを考え直すということではなく、私たちの市場環境変化から、マーケティングを変えないといけないのです。そして、この市場の変化、例えば地域特色や生活者の多様性は今後も広がるでしょう。さまざまな相手に対してのマーケティングを確立する必要があるのです。

マーケティングは、相手にとって価値のある活動です。そして、多様な生活者がいる今は、相手にとっての価値の理解、それ以上に相手の理解が重要になっています。その相手の理解ができたら、日本でも狭義のプロモーションに注力していたマーケティングから、総合活動としてのマーケティングに変わるのは必然でしょう。

個客を理解できる環境で、選ぶべきマーケティングは？

先述した『コトラーのマーケティング・コンセプト』の中に、マーケティング3.0の進化（日本語版52ページ）という図があります。アメリカの市場、環境の変化に合わせてマーケティングも変化してきたという図です。

よく読むと、日本でよく使われる「マス・マーケティング」という言葉はどこにも存在していません。もちろん言葉としてないわけではなく、英語版のWikipediaにもMass marketingというページは存在しています。しかし、コトラー先生たちの考えによると、マス・マーケティングはマーケティングのコンセプトではないのでしょう。大量生産、大量（低価格）販売というのは、確かに手段であって、マーケティングのコンセプトではありません。

日本では長い間、マス・マーケティングが主流でした。繰り返しお伝えしているとおり、日本市場には、平均的な生活者像があり、その平均的な生活者像の存在数も多かったので、マーケターとしては、この平均的、かつ存在数の多いターゲットに絞ってマーケティングを行う方が、効率的だったのです。また生活者としても、新商品や新しいカテゴリーの商品を安価に、いち早く購入することが楽しみでした。そのために、大量生産による、価格の低下が、望まれていたのです。そして、その大量生産を支えた工場と物流も、当時は大量生産が得意で、今のように多品種少量生産や、きめ細かな配送ができなかったという背景もあります。つまり、今までのマーケティングの相手は、マス・マーケティングを望んでいて、そのことにも価値があったのです。

しかし、時代は変わり、マーケティングの相手である、生活者に意識の違い、多様性が強く表れるようになりました。ある人は、安価に買いたいと考え、ある人は価格より購入方法が便利であれば良いと考え、また別の人は安心できる人から買いたいと考えています。わかりやすい例で示すと、生活者によって、トイレットペーパーですら、安売りのスーパーで買う人、帰りがけの一番便利な店で買う人もいれば、宅配可能なオンラインショップで買う人もいるのです。これは、生活者によって、価値観が異なったり、買い物の習慣が異なったりするからです。買い物の方法以外にも、商品そのものの選択の基準は、もっとさまざまな価値の多様性が存在します。多くのマーケティングのカテゴリーが、コモディティー化（一般化）しており、商品に大きな差がないことも商品選択に多様性を生んでいる一つの理由でしょう。今までのように、商品の特徴がわかりやすく、その違いも明確なときには、生活者はスペックや機能の良い、わかりやすいものを選択していました。しかし今では、市場に出ている多くのスペックや機能の差がわかりにくくなっています。そして多くの場合は、スペックや機能ではなく、自分にとって相応しいなど、個人の価値観で選択することが多くなりました。しかし、この価値観は当然、個人ごとに異なっています。結果、ここでも、マス・マーケティングは機能しなくなっています。

これら生活者のさまざまな多様性、さらに市場の環境変化により、マス・マーケティングから、別なマーケティングに手法を変更しないといけない状況に来ています。

ここで、マーケティングの基本である「相手に価値のある」ということに注目して考えてみたいと思います。今までのマス・マーケティングでは、生活者ごとに価値観に大きな違いがない前提で進んでいました。しかし、現在では生活者ごとに価値観は異なります。

一方、ICT（Information and Communication Technology／情報通信技術）の進化により、私たちマーケターは、その個人ごとの価値観を理解できるようになってきました。マーケターは、過去に成功していた「マス・マーケティング」という手法から離れて、**今生活者から一番望まれているマーケティング、さらに、その企業、組織が持続的に成長する、新**

たなマーケティングについて考えるべき時期なのです。本書の中では、シングル&シンプル マーケティングとして、そのモデル・ケースを提示しますが、企業ごとに組織、プロセスの特徴があり、それを生かしたマーケティングを考え、行うことが重要です。

これからは、**お客様のニーズ、お客様の求めている価値観、そしてその企業の強み、特徴から、企業ごとにマーケティングの手法が異なる時代に突入したのでしょう。**生活者、市場の多様性をカバーするには、企業のマーケティングにも多様性があるのは必然だと思います。

大量生産から、モジュール型多品種生産時代に

日本では、第3次産業であるサービス産業の人口が増えています。その第3次産業の企業は、ＩＴ関連企業など、新しく登場した企業が多く、最初からマス・マーケティングを行っていないケースが多くあります。一方、日本の高度成長を支えた歴史のある第2次産業の企業は、過去行っていたマス・マーケティングを今も行っています。メーカー企業がこれからも生き残るためには、マス・マーケティングと決別できるかという問題が存在しているのです。しかしメーカーのマーケティングは、生産と物流の影響を受けます。生産、物

流は、マス・マーケティングでなくても、対応可能なのでしょうか。ここでは生産が、マス・マーケティング以外で対応可能なのかを考えます。

さて、皆さんが会社の仕事で使っているパソコンですが、最近ではほぼノートパソコンになり、その中身を見ることは、ほぼなくなったかもしれません。しかし、パソコンの後ろのふたをあけて、ノートパソコンのハードディスクを交換したことがある人ならわかると思うのですが、現在のパソコンは、NEC製でも、HP製でも、ハードディスクの規格は一緒です。といっても、皆さんにとっては驚きではないかもしれません。しかし、冷静に考えてみてください。以前はメーカーが異なれば、中の部品の規格はそのメーカーが決めており、業界標準のサイズなど不要でした。しかし今では、パソコンやいくつかの工業製品では、中の部品の規格を業界で決めることにより、生産コストを下げ、またさまざまなスペック、組み合わせの商品を作ることができるようになっています。

最近では、このモジュール型の製品は自動車業界にまで広がっています。例えば、テスラという電気自動車では、自動車の電池や駆動モーターなどがモジュール化されており、パソコンの生産と同じように生産することが可能です。まさに、自動車の組み立てというよりは、自動車のアッセンブリという工程になっています。

このような工場の生産工程の進化だけではなく、工場の生産管理も高度にIT化されており、生産管理も今までのように、大量生産だけが得意というわけではなくなりました。最近では委託生産のように、工場を自前で持たない生産も広く行われるようになりました。このような生産の場合には、生産管理が高度化されており、少量からでも委託生産可能になります。このことにより、どのような規模の企業でも需要に合わせた生産を行えるようになりました。生産の現場でもＩＣＴによる技術革新が起き、今までと異なる生産が生まれ、より効率的に生産管理ができるようになりました。これにより、実はマーケティングの選択肢が増えてきているのです。

もっと大胆に言えば、今までのマーケティングでは、生産や物流によって、行える選択肢が制限されていたのですが、**今は行いたいマーケティングに合わせて、最適な生産方法、物流方法を組み合わせることが可能になりました。**

少し事例を紹介しましょう。「キックスターター」というサイトがあります。このサイトは、クラウドファンディングを行うサイトです。事業を行いたい人が事業の説明を行い、それを支援したい人が、このサイトを経由して、少額の出資を行うのです。一人ひとりの出資金額は少ないのですが、インターネットで多くの人が参加することにより、多くのお金が集まり、事業が行われるというモデルです。今までは、銀行のような大企業が行っていた事業出資・投資を個人で行うというのは、マーケティングの視点で考えても、面白い仕組みです。

このキックスターターのようなクラウドファンディングを使ったマーケティングでは、初期段階では、売りたい商品が、まだ形になっていないことがほとんどです。作りたい、売りたい商品のコンセプト、もしくは試作品があるのみです。興味のある人は、コンセプトなどを確認して、欲しいときには出資を行います。つまり、需要喚起型のマーケティングであり、在庫を持たないマーケティングになっています。また、このキックスターターのサイトを観察するとわかりますが、生産（販売）の個数はそれほど多くありません。つまり、特徴の際立った商品を、それを求めている尖ったお客様に販売するマーケティングです。

今まで、これに近いマーケティング、生産プロセスは、カスタム・オーダーのような、高級ブランド、ハイエンドな商品群に行われていました。それが現在では、多くの工業製品の領域で、イージーオーダーのような仕組みが行えるようになり、今までとは異なるマーケティングが行えるようになってきたのです。

このように、マーケティングを取り巻く環境の一つである生産という領域でも変化が起きています。今までのような大量生産が、必ずしも標準ではないのです。

これからのマーケティングは、もっとこれらのさまざまな事業の変化を理解して、より創造的でなければいけません。今までの常識を一度忘れる。それが、次世代のマーケティングかもしれません。

マス・マーケティングのような規模を求めないなら答えは

マス・マーケティングをしなくなったら、事業が成長しないのではと考えている人がいるかもしれません。ここで、事業の成長とは何か、少し考えてみたいと思います。

第1章でも述べてきたように、日本の市場は、右肩上がりの時代が長く続きました。市場規模が拡大をし続け、その中で多くのマーケターは、売り上げも、利益も増やしてきました。しかし、現在の日本の市場のように市場の規模拡大を望めない状況では、規模の拡張、特に売り上げを拡大するかどうかは、大きな選択肢です。

実はこれからのマーケティングは規模を求めなくても良いかもしれません。もちろん、マーケティングは企業活動、つまりビジネスであり、ボランティアやＮＰＯではないので、利益は追求しないといけません。しかし、利益を追求するために、売り上げの規模や、量を拡大することは必要なくなったのではないでしょうか。

今までのマーケティングでは、市場のシェア、つまり市場の占有率というのは、非常に重要な指標でした。市場を占有することで、他社との競争を有利に進めることができ、そのことにより、価格と利益に関しても制御しやすくなっていました。

もう少し丁寧にこの市場占有率が重要だった理由を考えましょう。まずは、生活者の視点で考えると、「売れている」という情報は、その商品の一つの特徴になっていました。特に、まだそのカテゴリーが成長途中の市場においては、購入で失敗したくないという気持ちが生活者に働きます。そのため、多くの人が買っている商品ならば、間違いないと考えていたのです。そのことによって多くの流通や販売パートナーも、売れ筋商品を中心に扱うようになり、結果、さらに市場占有率が高まることになったのです。

しかし、最近の多くの商品は、欠陥や機能が足りていないというようなことは少なくなってきました。そして、さらに私たちの周りに大きな変化が起きてきたのです。

一つは、生活者の選好の変化です。これは、前にも説明した、生活者の多様性、そして自分に相応しい商品の選択です。

もう一つの大きな変化は、ＥＣ、つまりオンライン・ショップの登場です。このＥＣは、市場占有率という言葉の価値を薄めたもう一つの大きな理由になります。

ＥＣには、既存の店舗のような流通との違いがいくつもあります。自宅のパソコンや、持ち運んで歩いているスマートフォンなどから、好きな時に、自宅やその他の場所に、商品を届けてもらえるサービスは、私たちの生活を便利にしました。

総務省の平成27年版の情報通信白書によると、日本では72・2％の人がＥＣを利用したことがあります。逆に25％以上の人が、ＥＣ未経験者であるとも言え、ＥＣ市場はますます大きくなるでしょう。


さて、このＥＣは、私たちの生活を便利にした以上に、マーケターに大きな影響を与えています。その一つに、商品棚がないことがあげられます。つまり、たくさんの商品を扱えるということです。仮にアマゾンで、「シャンプー」と検索してみましょう。まず、１ページ目に多くのシャンプーが並びます。そこで「次のページ」というナビゲーションの横の数字を見てみましょう。私が調べた時は、「４００」という数字が表示されました。つまり、「シャンプー」で４００ページも商品が並ぶということです。

想像してみてください。実際のお店でシャンプーが、１０００種類も並んでいるお店はありますか？　ないはずです。実店舗では、商品を陳列する空間に限りがあり、結果、商品陳列は売れ筋商品中心に行われていました。一方ＥＣでは、Ｗｅｂページの陳列スペースには限りがないために、無限に近い数の商品を紹介することが可能なのです。従って、ＥＣサイトでの商品陳列では、市場占有率を意識する必要がないのです。

つまりECの登場は、市場占有率という指標の意味を低下させたのです。残念ながら、2017年時点で、さまざまな調査会社から発表されている市場シェアの数字は、実店舗中心の数字で、ECサイトを加味したデータでないことも注意が必要です。ただ、ECサイトを加味した市場シェアのデータでも、個別の商品単位のシェアは、今までより小さくなっています。つまり、今までのように市場を独占するようなマーケティングはできなくなってきています。

今までのマーケティングは、市場占有率を高めて、自分たちが優位にマーケティングを行うことにより、売り上げ拡大を行う、規模重視の活動でした。これは、短期間における、購入者、契約者を増やすモデルでした。

しかし、**市場占有率が今までのように大きくならない現在では、ある一定規模の顧客数、契約者数に対して長い時間軸を取ることで、今までと違う方向で規模を拡大することができます。**昨今、LTVと言われているマーケティングです。

今までは、マス・ボリュームを指標としていましたが、このボリューム（購入者数、契約者数）を重要指標としたマーケティングは機能しなくなっています。これからは、お客様に長く寄り添う、お客様の継続時間を重要指標としたマーケティングにより、別方向の拡張を行うべきなのでしょう。

重要指標は「市場占有率」から「顧客との継続時間」へ

「市場占有率」が高いと競合優位になれた時代

- マス・メディアを活用、大量生産でコスト減
- 店舗では、売れ筋中心の陳列
- 短期で売り上げ拡大を目指す

「市場占有率」の持つ意味が低下し「継続時間」が重要な時代

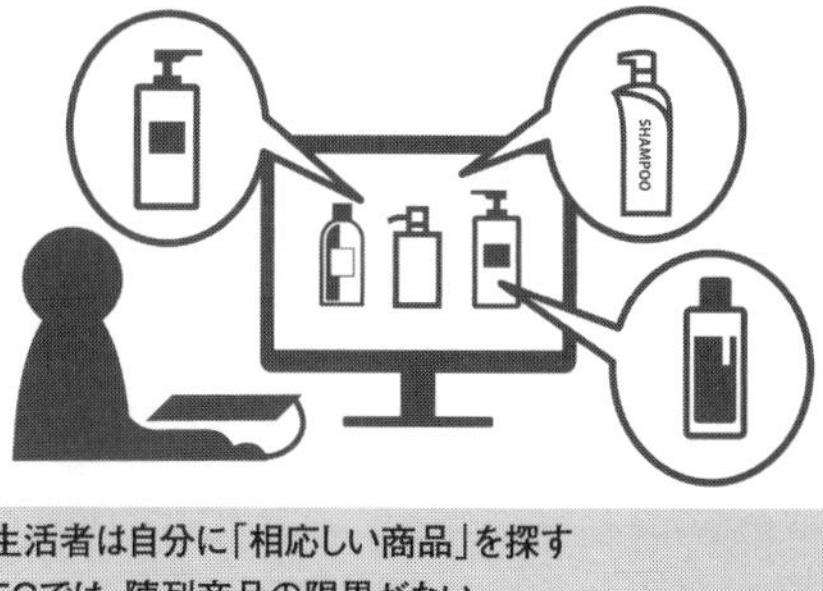

- 生活者は自分に「相応しい商品」を探す
- ECでは、陳列商品の限界がない
- 一定規模の顧客に継続して使ってもらうことで利益を得る

ライフステージの変化を捉える、長期の個人別マーケティング

お客様に長く継続して寄り添うには、お客様との関係性を整理、理解しないといけません。今までのマス・マーケティングでは、顧客数が多かったため継続的な関係をマネージメントしたくてもできませんでした。一方で地域密着型の商店などの小規模なマーケティングでは、お客様の数が少ないために、お客様との関係をお店の方が覚えており、きめ細かな商売が行えていました。

今は、CRMという、お客様との関係を管理するツールが利用できるようになりました。このツールの登場により、いくら数が多くても、お客様との関係を長期間にわたり保存することができ、一人ひとりのお客様に対して、最適なサービスを提供できるようになっています。

ECサイトのアマゾンをもう一度見てみましょう。このサイトは、1クリックで注文ができることで有名ですが、レコメンデーション機能も非常に特徴的です。多くの生活者が、レコメンデーションという言葉を、アマゾンで知り、体験したのではないでしょうか。ある商品を見たり、購入したりすると、お客様に対して、さらに関係性の高い商品を推奨

してくれます。これは、今までの地域密着型の商店のサービスと同じです。最近では、アマゾンとＬＩＮＥも結び付けられるようになり、ＬＩＮＥでアマゾンの公式アカウントとつながると、**アマゾンのＷｅｂサイトで閲覧や購入されたものに連携して、アマゾンのＬＩＮＥトークの方でも、推奨商品が紹介されるようになってきました。**アマゾンには営業や推奨販売を行う「人」はいないのですが、ここまで来ると、それを疑似体験しているような感覚になります。

つまり、**今まで小規模なマーケティングでしかできなかった個人別のマーケティングが、高度のＩＣＴ技術により、大規模なマーケティングでも行えるようになりつつあるのです。**

このＩＣＴを活用した個人別のマーケティングは、成長途中でもあり、まだ生活者と合意が形成された状態ではありません。特に、今までのマス・マーケティングでは、定価や市場の一般価格が見えていましたが、ＩＣＴを活用したマーケティングでは、個人ごとに販売価格や販売条件を変えることも可能です。この個人ごとのマーケティングの事例として、飛行機のチケットが話題になりました。航空会社のサイトでチケットを買う場合には、その人のマイルのステージによって、販売されている席の種類や数が異なっていることがあります。また、残りの座席の数によって、価格が変動します。さらには、チケットが別の販売サイトから買われることもあるでしょう。ある時、これがマーケティングの会議で話題になりました。「同じ飛行機に乗った隣の人は、自分と同じ値段で搭乗しているのだろうか」というわけです。この話題を最初に聞いた時には、確かに、同じサービスが異なる対価で得られるのはおかしいと思いました。しかし、それから数年経った今では、航空券とはそういうものだと思っている自分がいます。

個人に長い間寄り添うために、マーケティングにCRMが登場し、マーケターは個人ごとに相応しいサービスを提供できるようになりました。しかし、その個人別のサービスや、マーケティング手法は、まだ成長途中です。市場でマス・ボリュームを獲得することが難しくなった今、一人のお客様とより長く付き合うということがこれからのマーケティングには求められています。さて、このお客様との関係の管理、CRMですが、これからはこのCRMのデータの質が重要になるでしょう。狭義のCRMは、お客様との関係性を管理するツールでした。多くの場合は、お客様の名前、住所、メールアドレスなどの個人情報に加え、重要な営業記録や、商品の販売履歴が管理されているのではないでしょうか。このデータをもとに、次回の購入までのストーリーを作り、メールやDMでアプローチを行います。

今までのような短期間の個人別のマーケティングではなく、中・長期に個人に寄り添う場合は、CRMの活用も少し拡張しないといけません。**購入や契約を中心に顧客データを**

集めるのではなく、お客様の生活やライフステージの変化と、提供できるサービスから、CRMの再設計を行う必要があります。

例えば、結婚式場は、今までは結婚前のカップルが、結婚式のために契約し、結婚式がそのカップルと結婚式場との関係の最終日でした。しかし、この結婚式というビジネスを、場所と素敵な時間のサービスと拡張して考えれば、結婚後にもこのカップルへ提供できるビジネスが広がります。結婚後1周年の記念や、出産、七五三など、さまざまなイベントのプロデュースやサービスが提供できそうです。この場合、CRMは何を提供したかというビジネスの履歴に加えて、このカップルの人生のヒストリーや、それを予知させる行動の履歴も取得する必要があります。

最近は、この行動を予知させるものとして、DMPが話題になっています。インターネットでは、何らかの調べものをしていることが多いのですが、この調べている段階では、まだどこで、何をするかは明確になっていません。この利用者が明確に意識していない初期段階で相手にアプローチできることが、DMPの大きな強みでしょう。

このように、これからのマーケティングは、いかに個人別に、そして相手が望んでいる限り中・長期に、価値を提供できるかが重要なのです。これからのマーケティングは、**顧客数という人数を多くするのではなく、継続時間のような時間軸方向に拡大するマーケ**

ティングなのでしょう。

マーケターはその人に相応しい答えを探すコンシェルジュ

さて、個人に中・長期に寄り添うマーケティングは、お客様のニーズを聞き続けるマーケティングなのかもしれません。そして、物質的な「モノ」の提供から「サービス、コト」の提供になっていくのでしょう。

マーケティングの世界には、セオドア・レビット博士の「ドリルを買いに来た人が欲しいのはドリルではなく穴である」という有名な格言があります。この文章は1960年代に書かれたのですが、今この意味はさらに強くなっているのではないでしょうか。

最近話題になっている「自動運転車」について、面白い議論があったので、少し紹介しましょう。ある日本の自動車メーカーで自動運転の話をしたところ、その会社の方は、「自動運転になると車が売れなくなるのでは」とお話しされました。ところが、あるヨーロッパの自動車メーカーの方は、「自動運転車になれば、車の利用時間が増えるので、買い替えまでの時間が今までよりも短くなるのでは」と、全く逆のお話をされました。なぜ、こんなに大きな違いが出るのでしょうか。それは、ユーザーにとって自動車が何かという定義になります。

おそらく、最初に登場した日本の自動車メーカーの方は、「車」＝「交通手段」と定義されており、自分が保有しなくても、誰かの自動運転車に乗れば、通勤などの移動ができるために、車の需要は下がり、結果、個人の「車」の保有率が下がるという考えです。

一方、ヨーロッパの自動車メーカーの方は、「車」＝「レジャー、趣味のグッズ」と捉えており、出勤時は、自動運転モードで新聞を読みながら通い、帰りは、仕事のストレスを運転で発散させると考えています。従って、個人のオーナー・シップは変わらない。そして会社に着いたら、車を駐車するのではなく、他人に「自動運転車」として貸し出すので、結果、車の1日の利用時間が増えるために、買い替えまでの時間が短くなると考えています。

この事例からもわかるように、**これからは「モノ」から提供される「サービス」的な価値も、個人ごとに大きく異なる可能性があります。**レビット博士は「ドリルの穴が欲しい」と定義していましたが、「きれいなドリルを持ちたい」とか同じドリルの穴でも「サイズが正確」とか「穴がきれい」とか、さまざまな価値が存在してよいのでしょう。

ここで考えないといけないのは、マーケターのマインドの変更です。今まで「モノ」提供中心のマーケティングでは、まず市場に「モノ」つまり商品を出すことがマーケターのミッションだったとも言えます。これからマーケターが考えるべきなのは「何が求められているのか」。それが「モノ」によって解決できるのか、既存のモノを使った新しい「サービス」で解決できるのか。また、実際に求めているお客様のニーズは何なのか。お客様に対する理解力が重要になってきます。その結果として、今までのマーケティング以上に、お客様との双方向の活動が求められていくのでしょう。『コトラーのマーケティング3.0』に、「共創」というコンセプトが登場しますが、私はそれ以上に、お客様から何が欲しいか聞き出し、それを実現するマーケティングが求められていると考えます。共創というよりは、**コンシェルジュ、執事タイプのサービス提供型のマーケティングが求められているのではないでしょうか。**

今までのマーケティングでも、生活者に見たことのない商品について、欲しいかどうかを判断してもらうのは難しいものでした。ですから、マーケターが先に商品を出し、これが欲しかったのかどうかを聞きなさいと教えられてきました。しかし、これからマーケターが提供するのは、「モノ」ではなく、未知の「サービス」であることが多くなるでしょう。マーケターが生活者に提供するのではなく、一緒に探索することが必要なのでしょう。

私は以前、生活者にとって「洗剤」とは「洗濯」とは何かを考えたことがあります。そんなありふれたことと思うかもしれませんが、こんな単純なことでも個人ごとに考えが異なるのです。少し、考えてみましょう。実は、洗濯機の進化は著しく、おそらく今の技術でも、「超音波」「マイクロバブル」などの技術を活用すれば、「洗剤」不要の洗濯機が作れそうです。さらに、実は繊維産業の技術進化もあり、最近では繊維に金属を織り込むことも可能になり、除菌可能な服も作れそうです。これが進化すれば、汚れない服というものも作れるかもしれません。つまり、「洗濯」不要な服です。「洗剤」「洗濯」不要の服と聞いて、皆さんはどう思うでしょうか。便利になったと思う人もいれば、いややっぱり「洗剤」を使いたいし「洗濯」をしたいと思う人もいるのです。

つまり、「洗剤」「洗濯」の意味が、物理的な汚れを落とすという意味の人もいれば、「穢れを落とす」儀式的な価値が高い人も存在しているのです。このような違いを理解することがこれからのマーケティングでは重要なのです。

「モノ」を売るマーケティングから、その人に寄り添い、その人に相応しい答えを一緒に探すマーケティング。つまり、マーケターは個人のお客様から見ると、その領域のコンシェルジュにならないといけないのでしょう。

市場占有率より顧客満足度・共感度を重視する

コンシェルジュ・タイプのマーケティング。そして顧客数よりも継続的にお客様と寄り添う時間を重要指標とするマーケティング。実はこのようなマーケティングは全く新しい考え方かというと、むしろ昔からあるマーケティング、いや古典的なビジネスなのです。

昔から、その村や町にある、商店やパン屋さんは、まさにこのような事業を行っていました。それが、ある時、大資本、大量生産、大量物流という時代の流れに飲み込まれ、全国どこに行ってもスーパーや、コンビニエンスストアがあるようになりました。そして、そのスーパーやコンビニエンスストアが、また全国一律展開から、地域密着型の事業に修正を始めています。では、時代が戻ったのかというとそういうことではありません。デジタル時代になり、今までのように経済成長が継続する状況でもありません。

同じ地域密着、個人に寄り添うマーケティングでも、今までのような市場占有率や、販売数を目標値にするゲームの要素は薄くなるかもしれません。むしろ、そのマーケティングを含む事業が、社会的に価値があり、持続可能性が高いことが重要になるでしょう。

商品、サービスの機能や明確な質の違いが少なくなる中で、商品・サービスの選択理由として、その商品・サービスのポリシーや考え方が重要になってきています。つまり、ブランド・ストーリーです。**ブランド・ストーリーには絶対的なポジションがなく、このブランド・ストーリーは1番だねという話にはならないのです。**自分の考えに近いか、自分が応援したくなるかが重要なのです。つまり、お客様から見ると、今までのマーケティングの競争の数字は、意味がなくなってきているということです。

いかに自分向けか、いかに自分に相応しいか、いかに自分にとって良いサービスを提供してくれるか。**重要なのは顧客満足度、顧客共感度なのです。**

近年、アド・テクノロジーの進化から、数値至上主義的なマーケティング技術が進化してきました。バナーの表示単価をどれだけ安くするのか。Ｗｅｂサイトの誘因単価をどれだけ下げるのか。いつしか、このアド・テクノロジーは、数字を使ったゲームのようになってしまいました。効率、規模を制すれば、マーケティングとして成功するかのような誤解が生じたと思います。ところが、いつしか広告は、お客様から無視される存在になり、アプリケーションで広告を非表示にする、アドブロッカーなるソフトまで登場しています。

つまり、アド・テクノロジーを極度に使う活動は、相手に価値を提供していることにならず、マーケティングとは言えないのですが、マーケティングと思い込んでしまっていたのです。

これからは、デジタルを活用して、相手にとっても価値のあるアド・テクノロジーの進化をしないといけないでしょう。マーケティングは数字を使ったゲームではなく、マーケターにとっても、その活動の相手にとっても価値のある活動にしないといけません。

今までのマーケティングは、どこでお客様を探すかに注目しすぎました。しかし、ここまでこの本を読まれた方は、おわかりのとおり、**どれだけ継続的に、必要な手を差し伸べられるかが、これからのマーケティングにとっては重要です。個人のお客様に寄り添うのです。**これは、ゲームではないのです。そして、正解もないのでしょう。常に、今まで以上の答えを探し続けるのでしょう。それも、個人ごとに異なる答えを。

人の記憶に頼らない、デジタルでの個人対応マーケティング

生活者は今まで触れてきたような個人ごとに異なるコンシェルジュのサービスを享受し、有効活用しています。

例えば、グーグルの検索サービスを例に取ってみましょう。ぜひ誰かと一緒にパソコンやスマートフォンで、過去に検索した単語を入れて検索してみてください。結果画面のリストは人によって異なると思います。これは、グーグルが各人の検索とクリック履歴に基

づき、検索画面を最適化しているのです。とあるサイトに行きたい際に、同じ言葉で何度も検索することがあると思います。この時に、過去に訪れたサイトが上位にあれば便利であり、それをグーグルが行ってくれているのです。

このような個人対応は、今に始まったことではなく、今までの実際のお店での会話でもあったはずです。ある商品を探そうと、同じ店に何度か行き、店員と会話するときは、まさにこのような会話を行っているはずです。「買いたい商品は決まりましたか？」とか、「この間、気にされていた商品、値段下がりましたよ」などの会話がまさにこれに当てはまるのです。**今までの個人対応との大きな違いは、記憶容量です。**今までは人の記憶に頼っていた部分があり、容量は有限でした。今は、デジタルとクラウド環境により、顧客行動の記憶容量は、限りなく無限に近づいています。

そして、まさにこのコンシェルジュを具体化した機器が発表されました。Google HomeやアマゾンのＡｌｅｘａに代表される、スマートスピーカーです。このスマートスピーカーは、マーケターの私たちにいくつものヒントを与えてくれる一方でマーケティング・コミュニケーションの改善を余儀なくさせるモノでしょう。

少しスマートスピーカーそのものについて紹介しましょう。スマートスピーカーは、新しいパソコンやタブレットの一つだと言えます。今までのパソコンは、キーボードで入力し、スクリーン上の文字や映像を確認して作業していました。このスマートスピーカーは名前こそスピーカーですが、パソコンのインターフェースが音声に変わったものです。スマートスピーカーに音声で質問すれば、スピーカーから音声で答えを教えてくれます。音声だと、画面で文字を読むのに比べて、普通の会話や、本の朗読のような多少長いものでも苦になりません。

スマートスピーカーに何か質問してみましょう。スマートスピーカーは、今までのグーグルのように検索結果を複数表示する代わりに、最適な答えを一つに絞って教えてくれるはずです。その一つに絞る方法は、技術的に公開されていませんが、過去の検索結果や、利用履歴から、利用者別にカスタマイズされていくのでしょう。

ＡＩの技術とクラウドの技術を使えば、このような個人別のカスタマイズが、簡単に行えるのです。こうしたスマートスピーカーの事例を目のあたりにすると、**これからのマーケティング・コミュニケーションも個人のステージ別に行う必要がありそうです。そして、この技術を使うことで、非常にきめ細かいマーケティング・コミュニケーションが行えそうです。**

デジタルの時代になり、私たちは個人の行動をきめ細かく理解することができるようになりました。そして、コミュニケーションも、さらにきめ細かく、個人別に行えるようになってきているのです。

ここまでは、環境の変化、そしてこれまでのマーケティングでできなかったことなどに注目しながら、新たなマーケティングの整理を行ってきました。ここから先は、より具体的な技術、事例を見ながら、デジタル時代に行うべきマーケティングについて、さらに考えていきたいと思います。

第4章

デジタル・データで個客を理解 長期の関係を築く

デジタル空間の生活者データを活用する

ここからは具体的なマーケティングについて考えていきます。マーケティングでは、実際の提供すべき商品、サービスの開発が大きな部分を占めます。そのためには、お客様の理解が必要です。また開発された商品、サービスを長く使ってもらうためには、お客様とのコミュニケーションが必要です。

第4章では、デジタル時代のお客様の理解の方法、そしてコミュニケーション方法について考えます。

最初に、デジタルを活用したお客様の理解について考えていきましょう。デジタル時代、つまり多くのデバイスがインターネットに接続され、生活者が多くのモバイル端末を、常に持ち続ける時代です。この時代の変化によって、最初に大きく変わったのは生活者でしょう。

ここに示したのは、総務省の平成27年版　情報通信白書に示されている携帯電話の契約数に関するグラフです。この25年間で携帯電話が普及し、今やその契約件数は国民人口を超えています。これは、デジタル時代の生活の変化の大きな一つの要因です。

通信サービス加入契約者数の推移

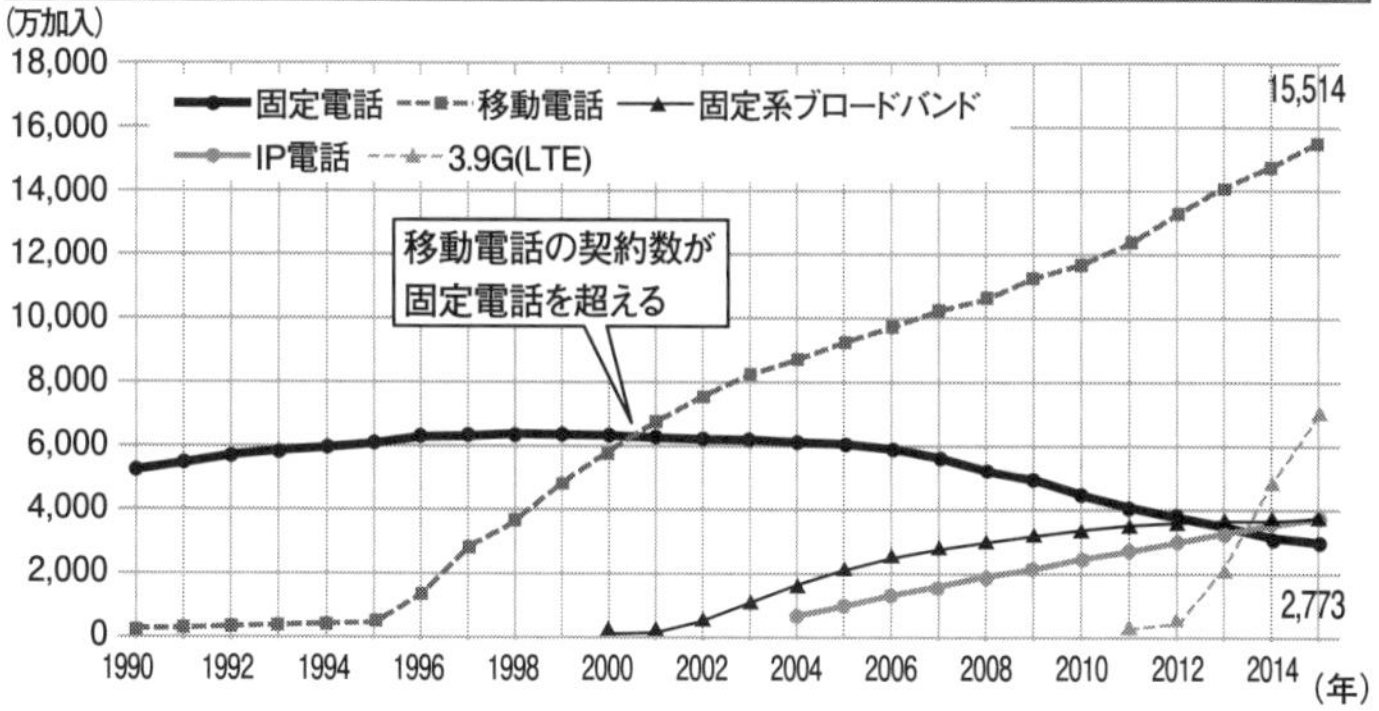

総務省「電気通信サービス契約数及びシェアに関する四半期データの公表」
及び電気通信事業者協会資料により作成

出典：総務省　平成27年版「情報通信白書」

では、マーケターはこのデジタル空間での生活者の行動をどのように理解したらいいのでしょうか。

まずは自社サイトのアクセス分析を、きちんと行っているか検証しましょう。Ｗｅｂサイトは事業会社にとって、自分たちで制御できるメディアであり、今やほぼすべての企業がＷｅｂサイトを持っていると言っても過言ではありません。多くの企業のＷｅｂサイトには目標数値として、閲覧ページ数（Page Views）や、訪問者数（Unique Visitors）がありますが、顧客インサイトに関するデータも見ているでしょうか。

まず見るべきなのは、**サイト訪問時の「検索キーワード」です。**これには、お客様を知るヒントがあります。インターネットは、何か新しいことを知りたい時に便利なツールです。しかし、調べたいことに関して、最初は知識が少ないので、初期段階の検索ワードは、その商品やサービスを出している企業には、想像がつかないものが含まれます。

例えば、ヘアカラーリングについて実際にあった事例を紹介しましょう。アクセス分析を行い、あるIPアドレスからのアクセスを時系列に並べてみたところ、検索ワードが訪問ごとに変わっていたのです。最初は「白髪染め」、次に「ヘアカラー」、そして「ブローネ」という形です。ここで注目したいのは、さまざまなヘアスタイリングやヘアケアに関する情報が溢れている時代に、「白髪染め」で検索されているということでしょう。お客様がこのカテゴリーに関しての知識がないときには、実際にこのような単語も使われているのです。

この事例は、私たちに多くのことを気づかせてくれます。そのカテゴリーに知識が少ない、つまり**初心者の時には、昔から使われている単語が意外と使われる**ということです。このように検索キーワードを見ることによって、お客様とのコミュニケーションでどのような単語を使ったらいいかのヒントを得ることができます。

アクセスされている地区については、気にしたことがあるでしょうか。**季節商品を扱っている場合には、エリアごとに話題になる商品が違うことがわかります。**

また、最近のグーグルアナリティクスでは、訪問ユーザーの、性・年齢などもわかるようになってきました。このように、Ｗｅｂサイトのアクセス分析は、商品やサービスを選択したいと思っているお客様の行動を理解する非常に良いツールです。言うなればＷｅｂサイトは、お店の棚の前で、お客様が商品を選ぶときに近い行動が、再現される場所なのです。

Ｗｅｂサイトを開設すると、訪問者数に注目しがちですが、よりカスタマーインサイトを知るために、**Ｗｅｂサイトのアクセス分析を活用するべきでしょう。**

一方で、Ｗｅｂサイトのアクセス分析では、生活者全体のトレンド、関心事を捉えきれません。そこで、インターネット空間全体のデータを見るために、**グーグルキーワードプランナーと、ＳＮＳの検索を活用することをお勧めします。**

まずは、グーグルキーワードプランナーです。これは、グーグル広告（旧・グーグルアドワーズ）という、検索連動広告を出すためのツールですが、Ｇメールのアカウントを持っている方であれば、誰でも利用可能なツールです。グーグルで、「グーグル　キーワードプランナー」などと検索すると、アクセスできます。

例えば、次ページの図は「白髪染め、ヘアカラー」についてのグーグルでの検索回数を

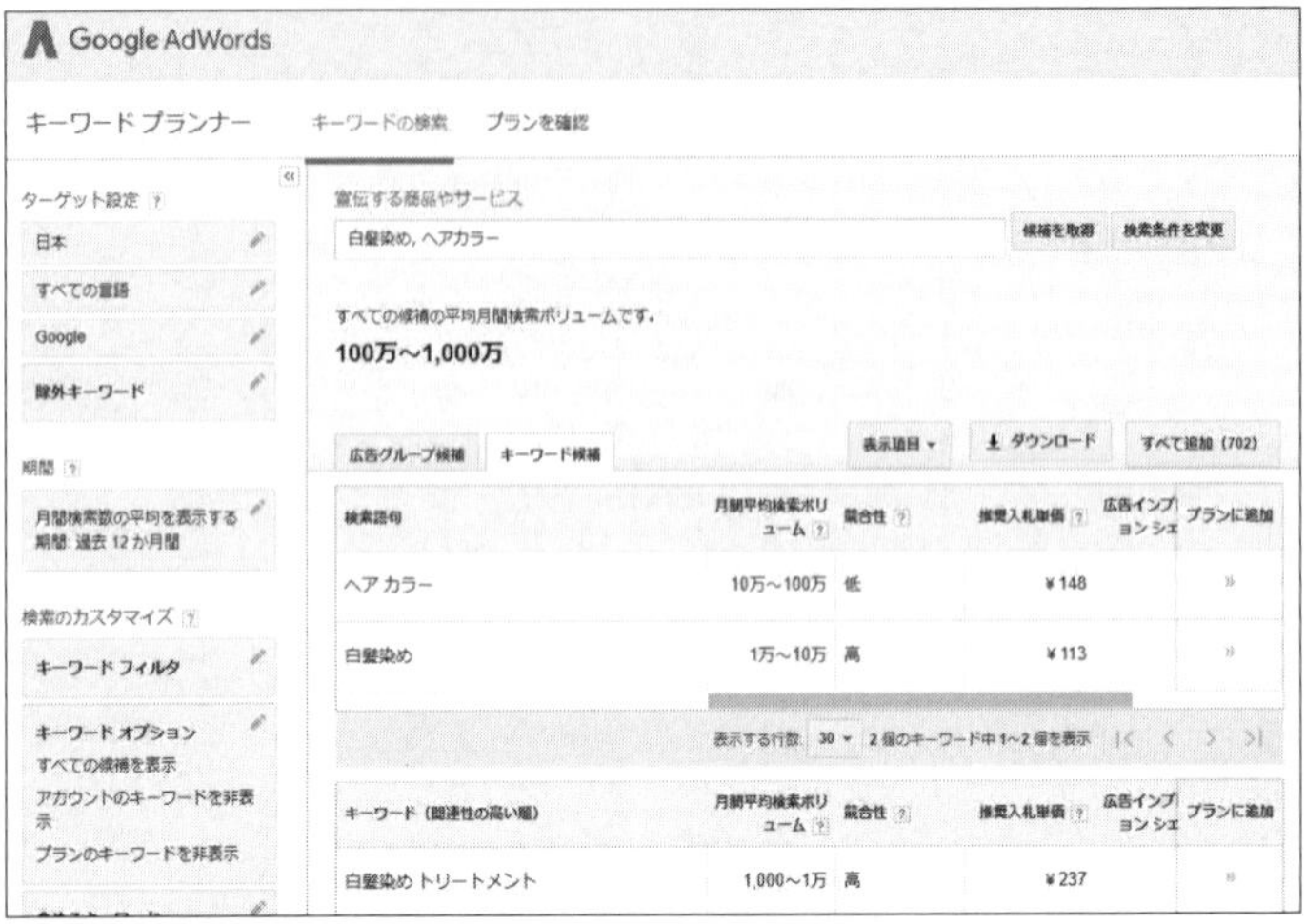

※ Google および Google ロゴは Google Inc. の登録商標であり、同社の許可を得て使用しています。

示しています。当然お客様が使用する検索ワードは、企業の中で使われる業界固有の単語ではありません。WebサイトのSEOの目的だけでなく、マーケティング・コミュニケーションの質を高めるためにも、お客様が使っている単語は何なのかを理解することがとても重要です。

そして、この検索単語は、時が経つと変わる可能性があります。言葉は時代とともに変化します。また、メディアが新しい言葉を作ることもあります。従って、このような検索単語の情報を、常に研究することが重要です。

もう一つは、SNS空間の観察です。ツイッターや、インスタグラムの検索窓に、自社の商品やサービス名を入れてみたことがあるでしょうか。ツイッターでは、その商品、サービスに関する感想などが発見できるかもしれません。インスタグラムでは、商品やサービスが使われている写真が見つかるかもしれません。ＳＮＳが登場するまでは、生活者の感想や、利用実態を確認するには、グループ・インタビューなどの調査が必要でした。サンプル空間としての問題は残るものの、現在はＳＮＳによって誰でも簡単に利用実態を確認できるようになりました。ＳＮＳ上で、何が話題になっているのかを把握できるツールも数多く登場しました。例えばＹａｈｏｏ！のリアルタイム検索が、その代表例です。このサービスを使えば、今ＳＮＳで話題になっているることがわかりますし、自社の商品・サービスがいつ頃、話題になっていたのかを調べることも可能です。

ところで、このような断片的なデータよりも、顧客単位でデータをまとめられないかと考える人も多いでしょう。前述したＤＭＰは、まさにこのような目的のために登場しました。

デジタル時代になった今、生活者が利用しているデジタル・サービスを通じて、多くのヒントが得られます。さまざまな顧客データが存在していますが、ツールやデータに惑わされることなく、まずお客様の何を知りたいのかを明確にして観察しましょう。

そして、デジタル時代にお勧めしたいことは、データ収集以外にもあります。それは、

Ｗｅｂサイトや携帯のアプリを使ったテストです。前述したとおり、Ｗｅｂサイトのアクセス分析は、お客様の商品陳列棚での、購入検討プロセスに近い観察ができます。実際の店舗で商品棚の陳列を変えたり、紙のカタログで商品の配置、説明文章を変えたりすることは容易ではないと思います。しかしＷｅｂサイトや、携帯のアプリなら変更することが簡単です。ぜひマーケティングで行いたいことを試してみましょう。

こうしたテストは、ＷｅｂサービスやＥＣサービスを提供している会社で、常に行われています。アクセスされたお客様の何割かに対して、新しいサイトを表示し、仮説どおりになるかというテストを繰り返しているのです。デジタル時代になり「常にβ」という言葉を聞くようになりましたが、それは、デジタル空間ではこのようなテストが容易なことが、理由の一つです。

仮説・検証を行い、積極的に自分たちからデータを取ることも、マーケターにとって必要なセンスです。

実空間の生活者データを活用する

デジタル空間からさまざまなデータが取れることは、ごく自然なことだと思いますが、実はデジタル空間以外のリアルな生活者の行動データも取りやすくなってきています。実空間での変化は大きく2つあります。1つ目はお客様との接点の変化です。例えばＢｔｏＣにおいては、購買時のデータ取得の精度の向上。ＢｔｏＢにおいては、営業活動のデータ化が容易になりました。

特にＢｔｏＣにおける、この部分の進化は近年著しいものがあります。まずは、ID-POSです。多くの流通が、お店や流通チャネルごとのポイントカードや会員プログラムを普及させています。これにより、今まで購入量、購入時間程度しか取れなかったＰＯＳ（Point Of Sales）データから、どのような属性の人が購入したか、また、地区ごとの顧客属性が異なるのかなどが識別できるID-POSに進化したことは、大きな変化でした。

このID-POSに加えて、コンピューターの計算量の増加や、クラウド空間で多量のデータを扱えるようになったことで、マーケターはさまざまな分析が可能になっています。

ＢｔｏＢにおいては、営業やお客様とのコミュニケーションをデジタル・データとして残し分析するＳＦＡ（Sales Force Automation／営業支援ツール）の登場は大きいでしょう。ＳＦＡが登場する前も、営業日誌や営業記録などのアナログの紙のデータは多くの企業にありました。しかし、この紙のデータでは、営業の最適化のような分析は大変でした。ＳＦＡの導入により、営業活動、お客様の反応がデジタル・データになり、分析が簡単に、素早く行えるようになっています。

このように、自社でＢ ｔｏ ＣでもＢ ｔｏ Ｂでも多くの実空間のデータを集められるようになったことに加えて、近年は市場調査や、顧客分析調査を行うデータ提供会社、調査会社の進化もあります。

Ｂ ｔｏ Ｃにおいては、いくつかの企業からSingle Source Panelが発表されており、そのパネル数が拡充しています。Single Source Panelとは、ある一人のパネルに、メディア接触やその他の行動、購買活動をまとめて聞くものです。ID-POSは、購入者の属性がわかりますが、どのようなメディアや情報に接触したかはわかりません。Single Source Panelは、パネルの数はあまり多くありませんが、メディアの接触と購買の関係、またある程度長い期間での購入履歴などを確認することができます。つまり今まで、Ｂ ｔｏ Ｃでは、広告やコミュニケーション活動と、売り上げの関係に関しては市場全体での相関関係程度しかわかりませんでしたが、このSingle Source Panelでは、テレビＣＭを見てから購入したのか、購入した後にテレビＣＭを見たのかがわかるようになったということです。

Ｂ ｔｏ Ｂにおいては、市場全体のデータや企業の状況、また企業の中での人事情報の更新が速くなり、ほぼリアルタイムに情報が取れるようになってきています。Ｂ ｔｏ Ｂ

では、相手先の企業情報の更新というのは非常に重要であり、このようなデータ更新をデジタル・ツール経由でスムーズに行えるようになったのは、仕事の効率の面でも大きいでしょう。

このようにデジタル時代になり、実空間、つまり店頭や営業の場でのデータ取得も容易になり、精度も上がりました。あとは、これらのデータをどのように分析するかです。実は、ここに大きな落とし穴があります。これまでマーケティングでは、日本の経済成長の良い影響を受け続け、それほど大きな失敗はなかったと思います。つまり多くのマーケターは、仮説、予定どおりのマーケティングが行えていたと思っていました。簡単な例でいうと、シェアを４％取るという目標が達成されたとき、データは取れていないのですが、自分たちが予定していたとおりのターゲットで４％のシェアが取れたと考えがちです。本当は、ターゲットが買ったというデータは取れておらず、検証ができていないにもかかわらず。

このように実空間でのデータをさまざま活用するようになると、マーケターが、自分の思い込んでいたことと違うデータを見つけて悩んでしまうという問題が起こります。そして多くの場合は、実空間から取れているデータを疑うのです。取り方がよくないのではないか、取れているデータのサンプル数が少ないのではないか、などという疑念です。しかし、ここで考えてほしいのは、マーケターが思い込んでいたのは、実際は予想であり、事実ではないのです。取れているデータは精度が確かに低いかもしれませんが、事実なのです。自分の考えとのギャップを考えるのではなく、**この事実に隠されている、マーケティングのヒントを考える方が重要です。**

新たにデータが取れると、時にこのような混乱を生じさせます。しかし、このようなことを乗り越えることで、真のデータドリブンなマーケティングを習得できるでしょう。

デジタル空間のメディアの進化を理解する

さまざまなデータを取得して、生活者の理解ができたら、商品やサービスの開発を行い、いよいよマーケティングのコミュニケーション活動を行います。

私自身は、デジタル・マーケティングを長い間行ってきました。それも、狭義のデジタル・メディアを主に活用するデジタル・マーケティングをリードしてきました。この経験から強くお伝えしますが、デジタル空間のメディアだけで、コミュニケーションが完了することはないですし、デジタル・メディアが、アナログ・メディアを駆逐することはありません。

私の経験以外にも理由はあります。それはお客様のメディアの活用です。当たり前ですがテレビも見れば、インターネットも見ます。LINEのメッセージによって、テレビのチャンネルを変えることもあれば、テレビで話題になっているトピックスを、グーグルで検索することもあります。つまりお客様にとってデジタル・メディアは、単にメディアの選択肢として増えただけのことなのです。むしろマーケターが、アナログ、デジタルと区別していることにあまり意味はないのです。

その前提があるうえで、あえてデジタル空間のメディアと、アナログ空間のメディアを分けて説明していきますが、それは理解のしやすさはもちろん、デジタル空間のメディアについては、マーケターが自ら編集、公開が行えるというのが理由です。

インターネットの登場以後、デジタル空間のメディアはWebサイト、SNS、動画サイト、携帯のアプリなど、さまざまなものが出てきました。今後も、新しいコミュニケーション・プラットフォームやサービスが登場するでしょう。ここでは、そのような個別のサービスの進化ではなく、デジタル・メディアにおける大きなコミュニケーションの変化について考えていきましょう。

デジタル・メディアは、大きく3つの時代を経験し、現在その3番目の時代にいると言えます。最初は、Ｗｅｂを公開する「情報サイト」の時代。そして、俗にＷｅｂ2.0と言われ、ＳＮＳが花開いた「コミュニケーション」の時代。そして、これからは、ＰＣではチャットやレコメンデーション、携帯ではアプリケーション・サービスの登場に代表される「アシスタント」の時代です。ここで、気をつけないといけないのは、「情報サイト」の時代が終わり、次に「コミュニケーション」の時代が来るという、バトンタッチ式の時代変遷ではないことです。デジタル・メディアの歴史は、**前の時代に加えて、新しい時代の特徴が重なるというオーバー・レイ方式の時代変遷をたどります。**

図のように、できることが増えるのが、デジタル・メディアの特徴です。皆さんが運用しているデジタル・メディアは、上記のどの段階まで満たされているでしょうか。

まずは「情報サイト」です。これは、文字どおりＷｅｂサイトや、携帯アプリで、情報提供のみ行っている状態です。目的は、広告と同様に、まさに情報伝達です。旧来の広告との違いは、テレビや雑誌などの広告よりも、伝えられる情報が多いこと。また、紙のカタログよりも、更新などが頻繁に行えることでした。一方、このサイトの問題は、お客様の情報の理解度や、コミュニケーションの回数に応じた、カスタマイズができないことでした。この場合のサイト設計としては、検索エンジンへの対策、つまりＳＥＯと、サイト

デジタル・メディアの変遷

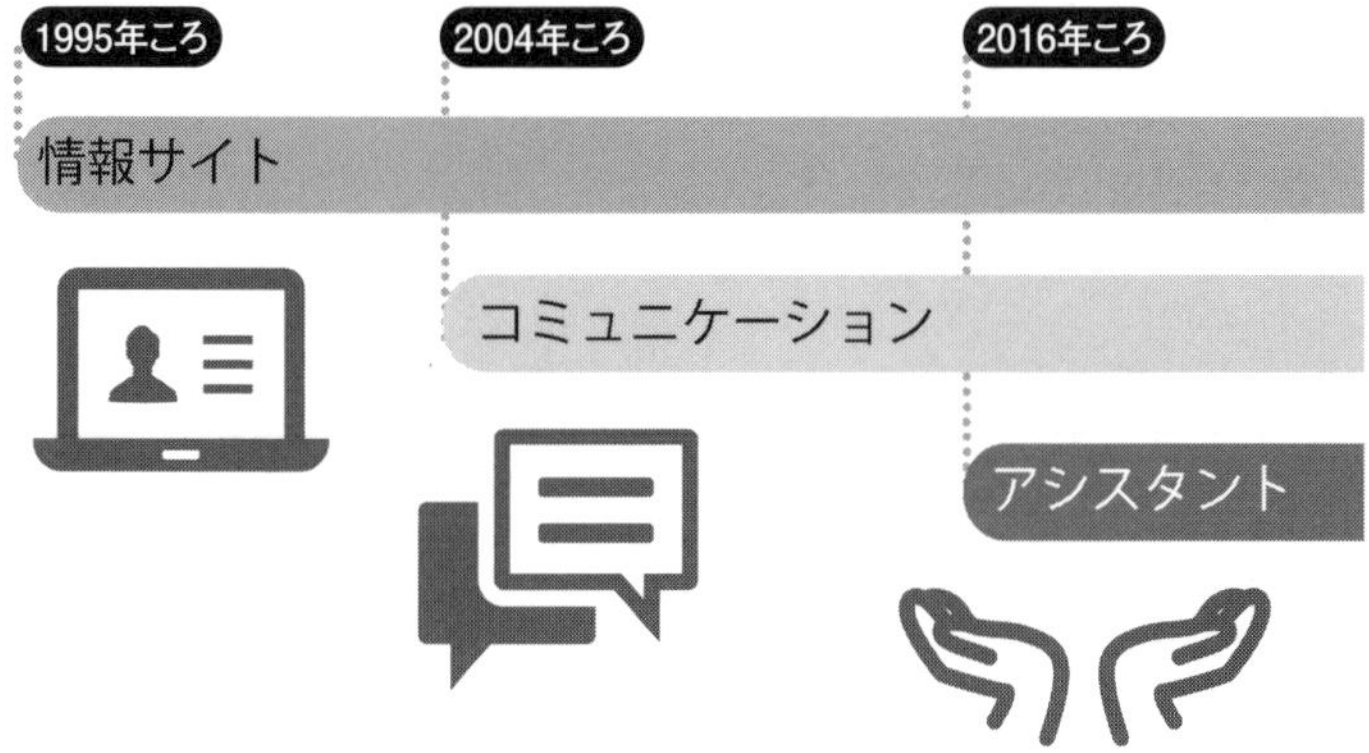

の動線が重要なポイントになります。

日本では、２００４年ころにｍｉｘｉのようなＳＮＳが登場して大きく時代が変わりました。このころ、利用時にログインを求めるサイトが多く誕生しました。アマゾンもそのサイトの一つです。これによって、Ｗｅｂ空間でのリアルタイムに近い、個人間のコミュニケーション・サービスが広がり、個人別にコンテンツをカスタマイズすることができるようになりました。マーケティングとしても、今までの広告の延長だけでなく、顧客サービスや、疑似的な店頭コミュニケーションが行えるようになりました。多くのサイトで、チャットのような仕組みを導入したり、ＳＮＳによる「コミュニケーション」を導入したりしました。つまり、デジタル・メディアが、メディアを超えて、接客まで進化したのがこの時代です。

さらに、現在ではデジタル・メディアはお客様に対して「アシスタント」機能まで提供しています。例えば、先述したGoogle HomeやアマゾンのＡｌｅｘａのようなスマートスピーカーは、明らかにインターネットを使ったアシスタント・サービスです。このようなサービスは、他の企業にも広がっています。例えば、日本交通グループのJapanTaxiが、「全国タクシー」というアプリを運用しています。これは、アプリを使って、タクシーを自分が今いる場所に呼べる予約サービスです。そして、このアプリは、現在タクシーが周りに多いかどうかも教えてくれますし、タクシー料金を降りる前、乗車中に払うことまで行ってくれます。つまり、タクシーの配車、乗車に関して、アシストしてくれるのです。

この流れをきちんと理解すると、**デジタル・メディアのマーケティングの活用範囲が、「購買前の予習活動」から「購買直前の購買検討に関する支援、購入後のアフターフォロー」に拡張され、現在では「モノやサービスの利用支援」にまで広がっているのです。**つまり、販売・提供している「モノ」「サービス」に関するすべての時間でデジタル・メディアは活用できるようになっており、逆に言うとデジタル・メディアによるサービスも、「モノ」「サービス」の品質の一部になるということを考えないといけないのでしょう。もはや、「デジタル・メディア」という言葉を使うのをやめて、「スマート・アシスタント・サービス」

の提供を考えないといけない時代なのかもしれません。

実空間のメディアの進化を理解する

実空間のメディアと言えば、テレビ、新聞、雑誌、ラジオ、屋外広告などがあり、多くの方がアナログ・メディアと呼んでいるかもしれません。アナログ・メディアだから進化していないというわけではありません。デジタル・メディアの進化同様に、今のアナログ（と呼ばれている）・メディアは、ほぼすべて**ＩＣＴとの組み合わせにより、メディアの表現や、ターゲティングが著しく進化しています。**

主要なメディアをそれぞれ見ていきましょう。まずはテレビです。テレビは、日本においては相変わらず、多くの人に情報を伝達するのに最適なメディアです。視聴率が低くなったとは言われていますが、世帯普及率が高く、いまだにリーチ力は強いと言えるでしょう。このテレビに関しては、ＩＣＴの進化でハイビジョンになり、今後４Ｋ、８Ｋと高画質になります。しかしそれ以上に、マーケターにとって重要なのは、さまざまな視聴率データが扱えるようになってきたことです。日本では、テレビの視聴率は、ビデオリサーチが提供している、テレビ視聴率が標準的なデータでした。一方、最近のテレビでは、最初からインターネットに接続されているために、視聴率が独自に取れるようなサービスも検討されています。また、Single Source Panelのメディア接触状況などから、属性情報が細かなテレビ視聴率もすでに活用可能な状態です。生活者の多様さが増しているので、番組ごとにどのような人が見ているのかということを理解して、ＣＭを入れることは、ますます重要になるでしょう。

次に、ラジオです。ラジオは、放送メディアの中でもいち早くインターネットに同時配信してきたメディアです。このことから､利用者に若年層が増えていることが注目点です。前述のとおり皆さんのスマートフォンにアプリ（ラジコなど）を入れるだけで、ラジオの機能を使えるようになります。また、ラジオはリアルタイム性があるので、今後のマーケティングでは、見直されるメディアの一つとなるでしょう。

新聞は、もはや新聞社が出しているものが、新聞紙だけではないことが注目点です。新聞社は、Ｗｅｂサイトも運営しているため、マーケターのアイデア次第では、紙面とデジタル・メディアのハイブリッドな使い方が可能です。この部分は、現在は雑誌社のＷｅｂサイトよりもプレゼンスが高く、また多くの新聞社には放送番組を作る機能もあることから、一番多様なフォーマットのコンテンツを企画、制作できるでしょう。

雑誌は、発行部数が伸び悩んでいますが、Ｗｅｂサイト同様にターゲティング・メディアとして活用できるメディアです。つまり、読者数の多さに価値を置くのではなく、ある分野に興味、関心のあるターゲットが集まるメディアとして捉えれば、マーケティングとしての活用価値も再定義できるはずです。

メディアごとに、ＩＣＴとの融合状態は異なりますが、アナログ（と呼ばれている）・メディアを、再確認して活用することが必要でしょう。

ここまで、デジタルとアナログ、両方のメディアの活用方法を考えてきました。そして、一番重要なのは、生活者、お客様に寄り添ったコミュニケーション活用を行うことでしょう。

デジタルとアナログの両面で個客を観察する

デジタル時代になり、マーケティングに関するデータも取りやすくなり、さまざまなメディアを組み合わせることで、より適切なコミュニケーションを行うことができるようになりました。

ビッグデータ時代とも呼ばれる昨今、マーケティングにおけるデータ活用、データ分析はますます重要になっています。マーケティングにおけるデータは、大きく分けると2種類で、マクロ視点での「市場全体理解のためのデータ」と、ミクロ視点での「顧客理解のためのデータ」になるでしょう。

マクロ視点での「市場全体理解のためのデータ」とは、売り上げデータや、マーケティング投資などのデータです。これらのデータについて、デジタル時代になり一番大きく変わったことは、取得までの時間が短くなったことでしょう。会社の中でのデータに関しては、ほぼリアルタイムに取得できるようになりました。調査会社やオープンデータに関しても、インターネットを経由して、スムーズに素早くデータが取れるようになりました。

この「市場全体の理解のためのデータ」を、マーケティングで有効に活用するにはどうしたら良いでしょうか。それは、マーケターがデータを眺めるだけではなく、適切に市場の変化を理解して、必要に応じてマーケティング・プランを変えることです。そのためには、高度な分析以上に、**データをきちんとリアルタイムに観察することが重要でしょう。**例えば、マーケティングに強いプロクター・アンド・ギャンブルは、経営会議室にデータをリアルタイムに表示できるスクリーンを導入しました。「市場全体の理解のためのデータ」を活用する鍵は、データの視覚化といえます。

一方、ミクロ視点での「顧客理解のためのデータ」については、多種多様なデータが顧客単位で取れるようになりました。お客様をいくつかのグループに分けるような分析は最低限必要ですが、それ以上に重要なのはやはり人間観察力です。

繰り返しお伝えするように、デジタル時代の生活者、お客様は多様になりました。性別・年齢だけでお客様を分類することはできなくなり、どの流通チャネルで買い物をよくするのか、どのようなことに興味があるのかなど、他のさまざまなデータも、顧客理解のために必要になりました。これらのデータを参考にして、顧客像を明確にするのですが、このときに大切なのが、人間観察力です。

顧客データが今ほど多く取得できない時代にも、マーケターは、店頭観察やグループ・インタビューにより、お客様の理解を行ってきました。デジタル時代になっても、店頭観察やグループ・インタビューという手法は残り、マーケターの人間観察力は、むしろますます求められています。

生活者が多様になり、マーケティングのターゲットも、これまでのように1種類ではなくなりました。今、マーケターに求められているのは、「**顧客理解のためのデータ**」と**人間観察力を使って、複数の顧客ターゲットを理解し、マーケティングを行うことです。**顧客理解を深め、お客様に寄り添い続けるマーケティングが、今求められているマーケティングなのでしょう。

デジタル時代になったから、データ分析の精度を上げれば、マーケティングの成果が出ると思っている人もいるかもしれません。しかし実際には、今までのマーケティングの手法にデジタルが加わったのであり、マーケティングをデジタル・データ、デジタル・メディアだけで行うわけではありません。わからないことは、直接お客様に会って、聞いても良いでしょう。今まで同様に、市場を目で観察しても良いでしょう。それを客観的に理解するために、データを活用すれば良いのです。

お客様の期待値を予測し、トータルのサービスを考える

生活者、購買者が求めているマーケティングが大きく変わったことにも触れておきましょう。これは日常、マーケターである私たちが、生活者として体験していることです。「モノからコトへ」、「体験型マーケティング」など、多くの言葉がマーケティングの周辺で聞かれるようになりました。生活者が、マーケティングに対して「モノ」の販売や流通だけでは、満足できないことを意味しています。

例えば、ラグジュアリー・ブランドの商品について考えましょう。ラグジュアリー・ブランドの商品を保有することが、生活者の興味の中心だった時代がありました。この時に

は、ブランド・ブティック以外で、ラグジュアリー・ブランドの商品を安く買うことも、生活者の選択肢の一つでした。時には、並行輸入品など、正規販売店以外から購入されることもありました。ラグジュアリー・ブランドの商品を保有し、それを他人に誇示することがある種のステータスだったのです。しかし今は、多くのラグジュアリー・ブランドの、お客様の購入動機は変わったのではないでしょうか。ラグジュアリー・ブランドは、きちんとしたブランド・ブティックで、そのブランド固有の雰囲気とおもてなしを受けながら、商品について説明を受けて購入したいと思う人が増えたと思います。つまり、ラグジュアリー・ブランドの体験は、保有時だけでなく、その手前の購入時から始まっているのです。

このようなことは、多くのカテゴリーで起きており、それはサービスの契約も同様です。**購入前後の体験が、商品利用時同様に重要になっています。**購入前後のシーンが重要なことは、人間がそもそも持っている欲求が影響しているのかもしれません。いくら成熟した市場でも、私たち生活者がモノを購入するときには、少なからずワクワクするものです。従って、このような購入という体験そのものを素敵な体験にすることは、意味があることなのです。

別の例を考えましょう。皆さんは、アマゾンで商品を買い、商品が届くときに期待することは何でしょうか。商品が正しいかどうかでしょうか。通販サイトで商品が間違って届くような問題は少なくなっており、アマゾンに期待するのはそれよりも早く届くことや、商品がきれいに梱包されていることではないでしょうか。

このように、成熟した市場でも、購入というのは生活者にとって大きなイベントで、エモーショナルな体験です。この購入時の感情が、デジタル時代の今ではSNSなどで、容易に情報交換できるようになりました。「お店での接客が良かった」とか、「飛行機内のおもてなしが行き届いていた」などの感想を、SNSでよく見るようになっています。

多くの「モノ」「サービス」の品質にはあまり差がなくなり、そのわずかな品質の差について語ることは難しくなっていますが、「モノ」の販売シーンや「サービス」の提供シーンには、生活者が感じる大きな差があります。この購入時の感情がSNSなどで語られやすいのです。

最近は、インスタグラムやフェイスブックなどでレストランの食事の写真が掲載されます。それと一緒に書かれているのは、味に関しては「美味しかった」「大満足」といった大まかな表現ですが、店員さんのサービスについては、実に多くの種類の感想や、詳細なことが書かれています。本来食事を提供するのがレストランですが、お客様は、食事＋サービスで評価し、サービスの差は、またお店に来るかどうかの判断に大きな影響を与えています。さらに、そのSNSの感想を参考に、そのお店に行ってみるか決める人もいるのです。

生活者やお客様の期待値、そして何を重要視しているかを理解することは、デジタル・データだけでは不可能です。私たちマーケターに必要なのは、正しくは理解するというより、予測を立てて、試してみることです。さまざまなデータから、**お客様の考えていることを推測し、トータルのサービスを考える。この時に重要なのは、そのお客様の立場になって考えることです。**このお客様は、商品購入時どのような説明を求めているのか。サービスの契約後、どのようなアフターフォローを必要としているかなどです。

このように、単純な「モノの販売」「サービスの契約」だけではなく、「モノを含むトータルのサービス」を提供するマーケティングは非常に難しいのです。しかし、生活者、お客様の期待値が変わっているのですから、それに対応していかないといけません。これからのマーケティングはよりお客様の体験が重要になってきています。

IT×〇〇で新しい価値を創出する

ここまでは、データや表現からマーケティングを考えてきました。デジタル時代ではさらに、ITを使って、モノやサービスの設計、提供方法を考えることも重要でしょう。

IT×〇〇。この考え方は「モノ」「サービス」の質を大きく変えます。特にトラディショナルなものほど、ITとの組み合わせは、大きなインパクトを与えます。いくつか事例を見てみましょう。

まず、ＳｕｉｃａやＩＣＯＣＡに代表される、切符の代わりになる電子マネーです。以前は、電車に乗るときには、定期券や紙の切符を購入し利用していました。この従来の切符でも、磁気情報がついていて、日本の技術はすごいと言われていました。しかし、電子マネーの登場によって、今までの「駅に着く」「案内板で行先までの値段を調べる」「切符を買う」「改札を通る」というプロセスが、大幅に簡素化され「駅に着く」「改札を通る」だけになりました。このことにより、私たちの電車の利用シーンはさらに便利になりました。そして実は、電車事業者のビジネスも大きく変わっています。今までは、誰が紙の切符を買って、どこに移動したかはデータとして取りにくかったはずです。しかし、この電子マネーにより、電子マネー単位での移動の把握が容易になり、さまざまなサービスが改善されています。「ＩＴ×切符」は、今では当たり前の存在になりましたが、電車という交通手段を大幅に改良したのです。

次の事例は、音楽ソフトや映像ソフトについてです。音楽は、古くはレコード、そしてＣＤとなり、今ではその多くがファイルのダウンロードに変わっています。このことにより、私たちのお金の支払い方も大きく変わりました。レコード、ＣＤの時には、１枚単位での金額を支払っていましたが、ファイルのダウンロードになってからは、好きな楽曲単位で、１曲から買えるようになりました。また、最近では月額料金を支払えば、無制限に音楽を聴けるサブスクリプションモデルも登場しています。映像に関しても、同様の発展を遂げています。確かに、音楽産業、映像産業は、現在この大きな変化の中で、ビジネスとしては困難な時期を迎えているのかもしれません。一方、利用者としては、音楽や映像に関してさまざまな購入方法の中から選択できるようになりました。

このように、ＩＴ×〇〇という考え方は、生活者に多くの新しい価値や利用方法を提供しています。それにより新しいマーケットも作られ、マーケティングも進化していますし、まだ多くの領域でＩＴと組み合わせが可能なものが残っています。このことは、マーケターにとって新しいビジネスを作る大きなチャンスである一方で、今保有しているビジネスを失うピンチなのかもしれません。

マーケターは、よくお客様を観察し、お客様の本当に求めているものを理解し、俯瞰的に提供できるサービスを検討しなければいけません。その時の大きなヒントは、ＩＴの活用なのです。マーケター自身が、ＩＴに詳しくなる必要はありません。しかし、ＩＴに詳しい人と議論を行い、ＩＴ×〇〇で、変えられることはないか、検討を始めることが求められています。

多様化するお客様、情報交換は必要なアプローチ

皆さんの中には、「この時代のマーケターは行うことが多岐にわたり大変だ」と感じている方もおられるかもしれません。しかしそれは、新たなマーケティングを、旧来の取り組み方で考えているからです。

お客様をよく理解し、お客様とよくコミュニケーションをとり、お客様の期待値を満たし、ITを活用した新しいサービスを考える。確かに、これをマーケターだけで行うのは大変でしょう。しかし、インターネットが活用できるデジタルの時代では、**生活者、お客様にも参加してもらえば良いのではないでしょうか。**

ITの時代、正確には、ICTの時代です。情報交換、議論を多くの人と容易に行えるようになりました。例えば、SNSを使って、簡単に情報交換を行えるのは、皆さんもご存じのとおりです。

今まで、大企業で行われていたマーケティングは、お客様に意見を聞くということに対しては、それほど積極的ではありませんでした。大企業の叡智を結集して、商品やサービスを開発し、お客様に感想を聞くというのが、一般的なマーケティング・プロセスでした。

このプロセスの背景には、今まではお客様と直接情報交換や意見交換ができなかったこともあったでしょう。

お客様と情報交換しながらマーケティングを行っている事例を見てみましょう。サッポロビールが行っている「百人ビール・ラボ」という取り組みです。新しいビールの開発を、「百人ビール・ラボ」のサイトのＳＮＳ機能を使って行っています。このサイトでビールの開発アイデアを募り、さらに実際に多くの参加者で集まり、ビールを楽しんでいます。

ＩＣＴが登場する前には、多くの人から意見を聞くためには、グループ・インタビューを何度も行ったり、郵送調査などを行ったりする必要がありましたが、今では容易にできるという良い事例です。

実は、それ以上に難しいのはマーケター側のマインドの変更かもしれません。今までのマーケティングでは、生活者の多様性はそれほど多くありませんでした。従って、マーケターが、ターゲットの理解ができていないということは、大きな問題だったかもしれません。しかし、今は多様な生活者がいて、そのすべての生活者を理解することは難しい、いや無理だと考えるのが妥当です。従って、**わからないことは聞けば良いのでしょう。このようなアプローチは、マーケターとして、能力不足を意味しているのではなく、必要なアプローチだと考えた方が良いのではないでしょうか。**

「百人ビール・ラボ」のように、お客様に積極的に商品開発に参加してもらう以外の方法もあります。無印良品が行っている「IDEAPARK」を見てみましょう。これは、お客様に商品に関する改良または開発のアイデアを、いつも受け付けている活動です。実は、このような活動は多くの企業の「お客様相談センター」でも受け付けています。この「IDEAPARK」は、そのやり取りをオープンにしてお客様に見せています。ある人が意見を書いたら、他のお客様もその意見にコメントを付けたり、「良いね」と言ったりすることができます。

このように、新商品や改良のアイデアをオープンに見せることに、抵抗感がある人もいるかもしれません。商品へのクレームが書かれたらどうしようと悩む方もいるかもしれません。しかし、このようなオープン・イノベーションのSNSは、その企業や商品の価値向上をモチベーションとして集まることが多く、ネガティブなことはあまり起こりません。もしそのような意見が出てきても、多くはお客様同士の話し合いで解決します。そして何より、**このようなオープンな場所を作ることは、既存のお客様を大切にしていることになるのです。**

生活者、お客様が多様になった今はマーケターがお客様のすべてを理解することは難しく、市場の一参加者として、お客様ときちんと向き合い、相互理解を深める活動が重要でしょう。今までのように、マーケターが多様なお客様を理解することも難しいですし、今まで以上にお客様とのコミュニケーションが容易になったのですから。

ブランド拡張は共感が得られるかを基準にする

この章の最後に、デジタルと一番距離があると思える「感情」「情緒的」価値について考えておきましょう。

前述のとおり、「モノ」や「サービス」それ自体には大きな違いがなくなってきています。しかし、生活者は、そのわずかな差のカテゴリーから、「モノ」や「サービス」をピックアップします。この選択の時に、参考としているものとして、「ブランド力」があります。そのブランドの商品を以前から使っていたからとか、歴史のあるブランドだからといったことです。

このブランドは、短期でイメージ形成されるものではないでしょう。ブランドが新しく登場した時には、その初期のコミュニケーションや、そのブランドのもとで出た「商品」「サービス」の体験を通じて、ブランドイメージが形成されます。そして、何度もそのブランドに触れることにより、そのイメージが強化されていきます。

この本で、何度も取り上げているアマゾンですが、皆さんはこのブランドの成長と、イメージの強化を自ら経験されているはずです。最初にアマゾンが日本に登場した時のビジネスは、オンライン書店でした。品揃えが多く、実際の本屋より本を探すのが簡単だという体験をして、「アマゾン＝品揃え豊富」というイメージが作られたはずです。その後アマゾンは、CDを販売するのですが、これによりさらに「品揃え豊富」「探しやすい」というアマゾンのイメージが確立していきます。雑貨など他の領域の商品を増やしたころからは、アマゾン プライムが登場し、即日配送や、時間指定配送などのサービスが追加され、「すぐに届く」というイメージも加わりました。多くの生活者に利便性の高いサービスを長年提供し続けたことによって「品揃え豊富」「探しやすい」そして「すぐに届く」という今までのECの「安い」というイメージ以上のブランド価値を確立したのです。

このアマゾンのブランド強化には、かなり時間がかかっています。そして、利用者の利便性の提供という共通の考えがあります。ブランドのイメージの強化には、時間がかかるだけでなく、**ブランドを理解してほしい人に、混乱させないように拡張しないといけません。**

ブランドの拡張というと、特徴や強さを広げること、と誤解されることがありますが、広くするというよりは、「深くする」という方が近いでしょう。

そのブランドのイメージを広げると、さまざまな問題が起こることがあります。主な問題は、「特徴がなくなる」ことと「お客様に愛されていたイメージが弱くなる」ことです。

「特徴がなくなる」事例として、ネスレのコンタクト事業があります。１９７７年に、ネスレはコンタクトレンズ事業の会社である「アルコン」を買収しました。２０１０年まで、ネスレはコンタクトレンズ事業を行っていましたが、これはネスレの本業である、食品事業とあまりにも離れていました。実際、多くの方はこのことを知らなかったのではないでしょうか。もし、ネスレがそのままコンタクトレンズ事業を行っていたら、今ごろネスレの企業イメージは、「食品とコンタクトレンズ」の会社とはならず、どちらの印象も薄くなるだけだったでしょう。

「お客様に愛されていたイメージが弱くなる」事例も紹介しましょう。コーヒーで有名なスターバックスは、コンビニエンスストアなどでも買えるチルドコーヒーも販売しています。と言っても利用経験がない人も多いかもしれません。これは、スターバックスは、店で注文して飲むものというイメージが確立しているからです。チルドコーヒーは、すでに大量に作られたものが、コンビニエンスストアで買えるのですが、この拡張はスターバックスが、「お店」「飲料」のどちらを強化したいのかという点では、混乱させていることになるかもしれません。「スターバックス＝お店」という既存のイメージに対しては、ネガティブな影響を与えているかもしれません。

このように、ブランドというのは相手との共感が重要です。ブランドの理解と異なる拡張やイメージ変更は、違和感が発生し、確立してきたブランドのイメージが失われるのです。一方で、これまでのブランド理解が強化される時には、共感は継続されます。

デジタル時代であっても、こうした「感情」「情緒的」な価値については、マーケティングにおいて重要な価値を持ち続けています。ブランドの設計、ブランドの維持が重要であることを、忘れてはいけません。

第5章

シングル&シンプル
マーケティングのすすめ

デジタル時代だから実現する、シングル&シンプル マーケティング

第5章では、新たなマーケティングのコンセプト「シングル&シンプル マーケティング」について定義していきます。シングル&シンプル マーケティングとは、マーケティングのターゲットを明確にし、そのターゲットに長い間寄り添うマーケティングです。

今までのマーケティングはマス・マーケティングの考え方に基づき、年齢や性別などで設計することが多かったと思います。例えば、「今回のターゲットはF1層（20〜34歳の女性）の30万人」などとしていました。シングル&シンプル マーケティングでは、ターゲットの属性をもっと明確に設計します。「女性で、3歳から6歳までの子どもを持った、フルタイム・ワーカー」とか「男性で、鉄道旅行が好きな、東京圏の在住者」といったようにです。

F1層や、M2層などの考え方は、ターゲットの設計が性別と年齢で定義できるという前提を使っています。しかし、ここまで解説してきたように、生活者の中に多様性が芽生えています。同じ年齢だから、同じライフステージ、同じ商品選定方法、同じ消費行動をするわけではないのです。

これからは、さまざまなデータを使って、生活者の理解を行い、そしてマーケティングのターゲットを明確にする必要があります。また、ＩＣＴの進化により、今までは不可能だったお客様一人ひとり、個別へのマーケティングも可能になっているのです。この場合の属性は個人属性です。つまり、ＩＣＴの進化で、今まではグループとしてしか捉えられなかったお客様を個人として捉えて、「シングル」つまり個人ベースでマーケティングを行うことが可能になったのです。このことにより、今まで以上にお客様の属性を知る必然性も出てきました。

今までのマーケティングでは、マス・マーケティングの考えに基づき量や規模を求めたために、属性が多少異なっていても、無理に共通の属性を抜き出し、結果、性別、年齢やいくつかの基本的な要素のみを活用していたのかもしれません。例えば「小学生の子どもを持っている母親」というターゲット設計では、あるグループを定義していることは事実ですが、消費行動やサービス検討が同じとは思えません。しかし、今までのマーケティングでは、ターゲットとなる顧客像の理解に必要なデータが不十分で、またマーケティングの業務を複雑にしないために、極力ターゲットの属性をぼやかして、多くのお客様が一つのグループに収まるようにターゲットを設計してきたのです。

ターゲットの属性をもっと明確にすると、そのお客様と継続的に付き合う方法が、見え

てくるのではないでしょうか。実は、今までこの「継続的」という言葉も、私たちマーケターは誤解していたのかもしれません。継続的に購買やサービスを利用してもらうということは、ある期間に何回購入したかという購入率で捉えることが一般的です。そして年4回購入や、毎週利用などといった指標で、一律に継続購入をしているかどうか判断します。しかし、今まではその購入率やサービス利用率も、ターゲット・グループ全体での平均値を使っていたのです。

シングル＆シンプル マーケティングにおいて、ターゲットを整理、再設計をすると、今まで一つであったターゲット・グループが、複数に分かれるでしょう。そして、そのグループごとに、購入率やサービス利用率が大きく異なるかもしれないのです。

生活者の暮らし方、働き方の多様性に対応するためにも、このシングル＆シンプル マーケティングを理解して、取り組むことが重要です。

シングル＆シンプル マーケティングは一言でいうと今までのセグメンテーション、ターゲティング型のマーケティングに、ＬＴＶの考え方を組み合わせ、考え方を拡張したマーケティングのことです。

今までのセグメンテーション、ターゲティング型のマーケティングでは、一定の属性グループを定義し、そのグループに対して適切なコミュニケーションを行い、商品やサービスの購入を促していました。しかし、このシングル＆シンプル マーケティングでは、**そのグループごとに、どのように中・長期に付き合うのかを理解しながら、継続的な関係を築くことが目標です。**

商品やサービスを使ってほしいお客様と、中・長期の関係を築く。そのためにもお客様を理解する。この基本的なマーケティングの活動について考えていきます。

これまで以上にお客様を理解し、付き合い続ける

大量生産時代以前のマーケティングには、お客様とマーケターの関係に継続性がありました。私が小さなころに見ていたテレビドラマに、『大草原の小さな家』があります。西部開拓時代のアメリカの家族のドラマであり、舞台となった時代は１８７０年から１８８０年ごろです。この時代には、すでにプロクター・アンド・ギャンブルは存在していました。しかし、まだ流通はコミュニティー単位で成立する数件のお店があり、買い物に街まで出かけるというのが一般的な時代です。この『大草原の小さな家』では、主人公のインガルス家が、馬車に乗ってお店に行くシーンがよく出てきます。そのお店も、ほぼ

1軒で、オルソンさんのお店なのです。そこは、現代のコンビニエンスストアのようなもので、雑貨や生活必需品などが売られています。お店の店主のオルソンさんと、お客様のインガルスさんの会話は、さながら現在のDMPのような感じです。**今年のインガルス家の農場の経営状態や、子どもの成長など、さまざまな会話が交わされるのです。これは、お店とお客様の関係に、継続的な信頼関係が成り立っていたからでしょう。**

大量生産の時代になってから、マーケティングはその工場のライン、生産カテゴリーに影響されるようになりました。車の工場を持っている会社が、車の販売会社、車の修理会社を系列に持ち、車の領域に関しては、包括的にサービスをする。パンの生産工場を持っている会社は、パンの販売店や、パンを中心としたレストラン事業を行う。このような専門（店）化、大量生産化が時代と共に進みました。その影響はマーケティングに表れ、カテゴリー・マーケティングが進みました。つまり、「車」や「パン」という領域ごとにマーケティングに特徴を見出し、それを進化させたのです。極端に言うと、「車」のマーケティングと「パン」のマーケティングは、大きく異なるという考え方です。

近年このカテゴリー・マーケティングが、壁になるような事例が出てきました。例えば、「車」にもその事例があります。車は、フォードが、最初にエンジンを搭載した車を販売して100年足らずで、大きく産業の定義が変わり始めています。「電気自動車」「自動運転」この2つの言葉がキーワードです。「電気自動車」は、車の生産のスタイルを大きく変えていますし、「自動運転」は、車のマーケターの相手を大きく変えています。

車の生産の変化は、車のカスタマイズの多様性を発生させています。「電気自動車」は、今までの内燃機関を持った車の生産以上に、モジュール型の生産が可能です。極論すれば、パソコンのように、電池、モーター、制御パネルなどを組み合わせれば、簡単に作れるようになってしまったのです。つまり、パソコンのカスタマイズが簡単にできるように、車のカスタマイズも簡単にできるようになりました。今まで、車は決まった車種、タイプを事前に工場で生産し、お客様に対して納品するという流れでした。これが、お客様に、先に欲しい機能やスペックを聞いてから、工場で生産するBTO（Build To Order／受注生産方式）タイプの生産、納品という流れに変わっていくでしょう。この生産の変化は、マーケターの活動に大きな変化を起こすでしょう。車のスペックやユニークさをお客様に説明することより、先ほどのオルソンさんのように、お客様の状況や希望を先に確認する必要があるのです。

そして、最大の変化は「自動運転」により、車の販売相手が、必ずしもドライバーだけでなくなる可能性があることです。法律やルールの問題はありますが、「自動運転」の技術が進化し、私たちがそれを認めれば、「ドライバー」以外の、運転技術を持たない「乗客」

や「コミュニティー」が車のオーナーになる可能性があります。この場合でも、マーケターが理解しないといけないのは、車のオーナーにとって、車が必要な理由、利用シーンなどです。

ここまでの事例でわかるように、私たち近代のマーケターは、大量生産時代のマーケティングに関しては熟知しており、それを実行してきました。しかし、新たな生産手法や、価値が生まれ始めている今、本来のお客様との関係に「シンプル」に立ち戻り、まずお客様ときちんと向き合うことが必要なのです。それが、シングル&シンプル マーケティングの考え方です。今までは、商品、サービスのUSP（Unique Selling Proposition／独自の売りの提案）を定義して、それをわかりやすく伝えることがマーケターの仕事でした。しかし、現代ではこの**USPは、すべての人にとって同じものではないのです。**この車の事例では、お客様ごとに車の価値が違うのです。ドライバーとしては、自分の操作に素早く反応してほしいとか、走りたい場所でスムーズに走りたいなどという期待値があるかもしれません。一方、乗客としては、毎日の出勤時や、買い物のときに安心して乗れるという期待値になるのでしょうか。この「ドライバー」と「乗客」では、USPも異なるのです。

マーケターが行うべきこととは、まずお客様が商品、サービスに求めていることは何か、その商品、サービスをどのように使用したいのかという確認です。今までのマーケティングは、先に商品、サービスがありましたが、これからは多くの領域で**お客様の希望、ニーズを先に確認する必要が出てきます**。これは、今までも述べているように、マーケティングを取り巻くビジネスの変化、そして顧客行動の変化によるものです。

このシングル＆シンプル マーケティングの実践で重要なことは、今まで以上にお客様を理解し、お客様の希望、ニーズをかなえる商品、サービスを提供することです。そのために、お客様からさまざまな情報を提供してもらえる継続的な信頼関係を築かなくてはいけないでしょう。

一律に集計する顧客調査では不十分

さて、シングル＆シンプル マーケティングでは、お客様の理解が今まで以上に重要だというのはこれまで述べてきたとおりです。そして、そこにこのマーケティングの大きな可能性もあります。これまでの、大量生産時代のカテゴリー・マーケティングは、生産、物流の効率を最も生かせるマーケティングでした。つまり、お客様よりも、実は生産効率、物流効率を重要視していたのです。

しかし、技術革新、特にコンピューターやネットワークの発達により、生産、物流は、多品種少量生産、さらには複雑な配送が可能になり始めています。そこでマーケティングは、その基本であるお客様に焦点が再度当てられるようになりました。

シングル&シンプル マーケティングにおいてお客様の理解は、大きなテーマであると同時に、大きな課題にもなるでしょう。それは、今までのマーケティングで行っていた顧客調査と異なる調査を行わないといけないからです。

先に、今まで行っていた代表的な顧客調査方法を整理しましょう。パネルを使った「アンケート調査」、対面での「グループ・インタビュー」などがその代表例でしょう。

まずは、「アンケート調査」を振り返ってみましょう。この調査では、誰に聞くかというパネルの設計と、定量化するための質問表の作成が必要です。パネルの設計は、実に大まかな設計を行っていました。

例えば、「20代女性」や「首都圏に勤務している男性サラリーマン」といった具合です。マス・マーケティングでは、このような設計でも問題ありませんでした。マス・マーケティングでは、この「アンケート調査」でお客様の理解ということよりも、マーケターが考えている理想的な顧客分布の確率を確認していたからです。つまり、設計したパネルの中に、どれくらいマーケティングのターゲットになるお客様がいるのかを確認していたのです。

例えば、「20代女性にアンケートをしたところ、今回提供しようとしているスキンケア商品に興味のある人が、60％いました」のような報告が多かったのです。

さらに、「アンケート調査」の質問表も、このような報告のために定量化しやすい回答の項目になっていました。例えば、「このコンセプトの新商品が出たら買いたいと思いますか？ ⑴ぜひ買いたい ⑵買いたい ⑶どちらでもない ⑷買わない ⑸絶対買わない」のようにです。これを複数のパネルに聞いて集計し、アンケートのレポートを作成していました。この調査はごく普通に感じますが、それぞれのパネルの性質は無視していました。具体的には、パネルの中に、消費購買活動に積極的な人と、消極的な人がいても、回答の集計時には、その属性は無視して一律に集計を行っていたのです。

このように、今まで行ってきた「アンケート調査」は、マーケティングを行うかどうかの判断に使っていましたが、真の顧客理解のために使っていたわけではなかったと言えるかもしれません。

次に、「グループ・インタビュー」です。こちらは「アンケート調査」より、もっと個人の意見を丁寧に聞くために行われています。複数のグループを作り、いくつかのテーマについて、参加者に意見を聞く形で調査が行われます。マス・マーケティングでは、グループごとに調査の答えを探そうとしていました。つまり、一つのグループ・インタビューに5人参加していたとしても、インタビュー終了時には、その5人を一つの塊として、結論を出すことが多いのです。この「グループ・インタビュー」でも、多くの場合は、その個人に注目するのではなく、そのパネルの集団に注目することが多かったのです。

シングル&シンプル マーケティングにおいては、今までの「個人」に注目しない調査では不十分です。むしろ**「調査」ではなく、きちんと相手に質問を行うことが重要なのです。**

今まで、日本の多くの大量生産型の事業においては、マーケティングとセールスのプロセスが分かれていましたが、これからのプロセスは、お客様に近い部分からスタートします。今までは、「商品・サービス企画」「生産、開発」「販売」という流れでした。そのために仮想的な顧客像に、何種類かの調査を行い、多くの人に受け入れられそうな「商品・サービス」を開発して、お客様に提供していました。シングル&シンプル マーケティングでは、このプロセスが大きく変わります。**「お客様にどのような商品・サービスが欲しいか確認し、そのスペックを満たす「商品、サービスを生産」して、お客様に届けます。**今までの、マス・マーケティングでよく行っていた、仮想のお客様へ事前調査をして「商品・サービスを企画」する工程がなくなり、プロセスもお客様起点に大きく変わります。

このお客様起点のプロセスは、何も新しいことではありません。テーラーメイドや、カスタムメイドといった生産サービスは、この方法でした。例えば、男性が背広を作るときは、サイズを採寸し、生地やボタンや襟の形などを相談して、スーツが作られ、納品されます。この時のお客様とお店の人とのコミュニケーションには、シングル＆シンプル マーケティングの基本になる考えが多く含まれています。既存客の場合には、過去のオーダー履歴を見て、お客様にアドバイスを行います。これは、昨今ではＣＲＭと言われるものですが、この店頭でのやり取りは、そのＣＲＭを超えることを行っています。多くの場合は、以前のオーダーのスーツの状況や、満足度を確認します。一般に、顧客満足度調査と言われているプロセスです。次に、生地やボタンなどの選定では、過去の選び方を参考にしながら、新しいタイプの生地などを紹介します。これはＥＣサイトで、レコメンデーションとして行われていることです。

今までは、セールスの段階でのプロセスと、マーケティングのプロセスは分離して考えることが多かったのですが、これからのシングル＆シンプル マーケティングでは、お客様を中心にプロセスを再構築する必要があります。マーケティング、セールスという分離ではなく、お客様の望んでいることをどのように達成できるかという視点で、プロセスを構築します。また、そのことによりマーケティングが進化するでしょう。

このシングル＆シンプル マーケティングという考えは、最終形ではなく、常にお客様とともに成長するマーケティングなのです。

4Pから「1D2P1V」へ

シングル&シンプル マーケティングにおいて、4Pは、どのように変わるでしょうか。

4P、つまり製品、流通、価格、プロモーションです。

製品、商品は、前述したとおり、お客様の要望に合わせて企画、開発します。**これまで以上に、お客様に求められているモノ、サービスになっているかが重要なポイントになります。**

流通、つまり販売や提供の場所は、今までの大量生産では非常に重要でした。これは、お客様がどこにいるかが不明な場合に、お客様が多く存在するチャネルや場所を探し、そこに商品やサービスを事前に展開しておかなければいけなかったからです。しかし、このシングル&シンプル マーケティングにおいては、**先に商品やサービスを求めている人に会っています。従って、どこで売るかというのはもはや問題ではありません。**よって、シングル&シンプル マーケティングでは、流通よりも、重要なのは「パーソン（Person）」になります。

次に価格です。今までの価格は、基本的には、需要と供給の関係により決まっていました。

需要が供給よりも多い状況では、価格は高騰します。一方、供給が需要より多い、商品・サービス余りの時には価格が低下します。この考えは、同じ商品が大量にある時の考え方です。シングル＆シンプル マーケティングでも、商品やサービスが大量生産の時もあるでしょう。この場合は、旧来からあるこの価格の論理を使うことになります。一方、少量、またはカスタムで生産や開発を行う場合には、**双方の価値（Value）により価格が決まります。**その商品の価値をお客様が考え、商品を開発するのに必要な工数、事業価値を、提供側が考えます。それぞれの考えている価値について、合意形成された金額が価格になります。

このValueによる価格の合意は、過去の大量生産になる前のビジネスでは、長く行われていたモデルです。今でも、職人の工芸品や、カスタム生産のモノについては、双方の考える価値（Value）によって、価格が決まっています。

最後にプロモーションは、どう変わるのでしょうか。大量開発、大量生産の時代では、それに応じた、大量のターゲットに対する広告が重要でした。しかし、シングル＆シンプル マーケティングでは、必ずしも大量の広告は必要ないかもしれません。まずは、自分たちの商品やソリューションで解決策を提供できるお客様を探さないといけません。しかし、これは必ずしも、今までのようなワンウェイの広告の手法ではなく、双方、それぞれのコミュニケーションが重要になります。**商品、サービスを提供する側は、求められてい**

るものが提供できることを、複数のメディアやコミュニケーションによって、説明をします。一方、解決したいことを持っているお客様も、インターネットの検索や人とのコミュニケーションにより、解決策を探します。この双方の歩み寄り、双方からのアプローチによって、事業者とお客様が出会うことになります。従って、今までのような大量のメディアを使ったプロモーションという活動とは大きく異なります。

シングル&シンプル マーケティングでは、プロモーションというよりは、対話(Dialogue)が求められます。今までのマーケティングは、マーケターから、お客様への情報や商品・サービスの提供の流れが中心でした。しかし、これからのシングル&シンプル マーケティングでは、情報の流れは双方向です。場合によっては、最適な答え、つまり商品やサービスの開発を共同で行うこともあるでしょう。

今までのマーケティングでは、生活者が予想もできない商品やサービスを考えることも、一つの役割でした。しかし、最近では技術の進化が速く、その技術情報を誰でも、インターネットなどで入手することが可能になりました。そのことにより、企業のマーケターと生活者の間に情報の格差がなくなりつつあります。今までは、この情報の格差、入手時期の違いから、生活者の想像を超えた商品やサービスを開発できていたのです。

これから、このような情報入手の差が、ビジネスの原動力になることは、減っていくでしょう。生活者が、マーケティングの会社に求めていることは、お客様の求めていることを具現化する力です。具現化のためには、**お客様の求めていることや、その背景などをきちんと聞き、理解することが重要です。つまり、今まで行われてきた完成したものを宣伝するプロモーションではなく、Dialogueが重要なのです。**

このようにシングル＆シンプル マーケティングでは、お客様とともに１Ｄ２Ｐ１Ｖ(Dialogue, Person, Product, Value）をデザインすることになります。

今までのマーケティングでは、お客様との継続的な関係はそれほど重要ではありませんでした。その瞬間、瞬間の売り上げや契約者数を最適化してきたのです。しかし、シングル＆シンプル マーケティングでは、一度築いたお客様との関係を継続させることも重要です。そして、このお客様が、次のお客様へのエバンジェリスト、案内役になります。シングル＆シンプル マーケティングでは、**大量、広範囲なプロモーションは必要ありません。その代わり、大切なのはすでにお客様となったお客様の情報伝播です。**商品やサービスの体験が価値のあるものであれば、同じようなものを求めている新たなお客様に、マーケターの代わりに情報を伝えてくれるでしょう。

シングル＆シンプル マーケティングでは、今までのマス・マーケティングが行っていた多くの匿名のお客様に向けたマーケティングと大きく異なり、お客様との関係性が大切

シングル&シンプルマーケティングの「1D2P1V」

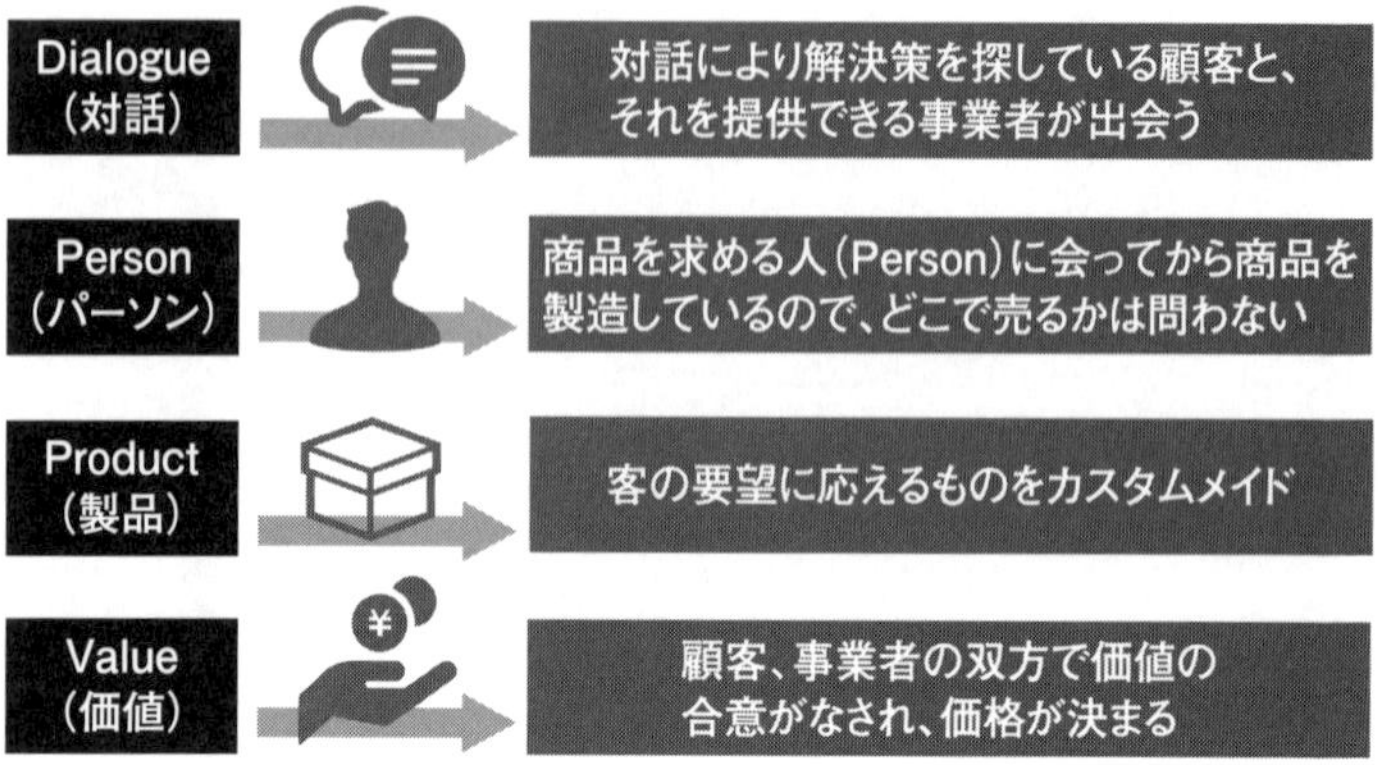
Dialogue
(対話)
対話により解決策を探している顧客と、
それを提供できる事業者が出会う
Person
(パーソン)
商品を求める人(Person)に会ってから商品を
製造しているので、どこで売るかは問わない
Product
(製品)
客の要望に応えるものをカスタムメイド
Value
(価値)
¥
顧客、事業者の双方で価値の
合意がなされ、価格が決まる

になります。しかし、この関係性は近代の大量生産、大量消費の時代に希薄になっただけであり、古くからマーケティングの重要なエッセンスだったものです。シングル&シンプル マーケティングになり、そのお客様との関係性が再度重要になっただけであり、新しいものではないのです。

開発方針や提供方法がブランドを強化する

ここまで、シングル&シンプル マーケティングを説明してきましたが、ここまでお読みいただいた方の中には、シングル&シンプル マーケティングは、お客様の言われたとおりに商品・サービスを提供するだけで、マーケターの考えが不要だと感じた方もいると思います。しかし実際には、マーケターの考え、アイデアはシングル＆シンプル マーケティングにおいても必要です。ここでは、マーケターの考えが、新しいブランドになることを説明していきます。

シングル＆シンプル マーケティングの基本的な考え方は「顧客視点」で、「お客様と一緒に商品、サービスを開発」することです。しかし、商品、サービスを開発する時の答えは一つではないことが多いのです。ある場合は、「価格は高いが、継続的に利用可能」な商品、サービスを開発することが答えかもしれませんが、一方「利用期間は短期だが、安価」な商品、サービスを開発することもあるかもしれません。このように、**いくつか答えに選択肢があるときに、マーケターは自分の考え方を提示する必要があります。**これが、シングル＆シンプル マーケティング時代のブランドになります。

今までは、ブランドというのは、その商品やサービスの代表的な価値や特徴で表すことが多かったでしょう。例えば、コカ・コーラが、２０１６年に定義したタグラインは、「Taste the Feeling」です。一方、ペプシが２０１２年に定義したタグラインは、「The Best Drink Created Worldwide」です。このように、清涼飲料水で非常に近い2社でも、異なるブランドを確立して、異なるタグラインを発表しています。ただ、どちらも商品から感じてほしいイメージについて表現している点は共通しています。もちろん清涼飲料水の最大の体験は「飲む」ことであり、「飲む」時に感じてほしいことを語っているのです。

シングル&シンプル マーケティングで求められるブランドは、こうした完成した商品に関する説明に加え、**どのような考え方で製造、開発されたかという背景に踏み込むことも出てくるでしょう。**それは、シングル&シンプル マーケティングでは、大量生産以外の手法で生産されることが多くなるからです。

大量生産時代のマーケティングでは、大量生産をすることで、価格が安く抑えられることも一つの価値でした。このことを生活者も理解して、自分の本当のニーズよりも、価格を重要視する傾向も高かったのです。この場合には、商品の企画、製造については、ある意味マーケティングを行う会社に任せられていました。

しかし、これだけ成熟した時代になった今、生活者は、その製造やサービスの提供方法も、一つの価値、意味として考えるようになりました。これはマーケターの商品、サービスの開発、提供の考え方も、一つのブランドになり始めたことを意味します。つまり、シングル&シンプル マーケティングで考えるブランドの意味は、今まで以上に広範囲になり、結果マーケターはさまざまなことを考えないといけないのです。

過去にも、このようなブランドの価値はありました。家内制手工業の時代において、職人の作り方や品質により、物の価値が異なっていたということは、まさにブランドの原点かもしれません。例えば、同じ革靴を提供する場合でも、素材にこだわる職人がいれば、その革靴のデザインにこだわる職人もいたはずです。

大量生産の時代になり、生産工程でブランドを定義することは少なくなり、最終完成物である商品・サービスの性質からブランドを定義することが多くなりました。しかし、再び大量生産以外の手法を手にしたシングル&シンプル マーケティング時代の今、その生産手法や、生産に対する考え方も、ブランドの重要な意味になります。従って、マーケターは、商品、サービスの設計だけではなく、その商品、サービスの開発、提供方法も決めなくてはなりません。

このような取り組みは、すでに登場しています。例えば、ファッションショッピングサイトZOZOTOWNが発表した「ZOZOSUIT」を見てみましょう。「ZOZOSUIT」は、体のあらゆる箇所の寸法を瞬時に測ることができる採寸用のボディースーツです。これにより、ZOZOTOWNは、より個人の体型に合わせた服を提供することになります。今までの、ファッションショッピングサイトの問題である、試着ができないというデメリットも、この採寸ボディースーツにより解消されます。そして、この採寸ボディースーツの投入は、ZOZOTOWNのブランドの価値を向上させています。

今までのファッションショッピングサイトの価値は、取り扱いブランド数や、品揃え、安さだったと言えるでしょう。しかし、このZOZOTOWNの取り組みは、商品の提供の方法やカスタマイズが、新たな価値になることを示してくれています。

シングル&シンプル マーケティングでは、顧客視点で、お客様と一緒に商品、サービスを開発することに加え、開発、提供方法も含め、マーケターがブランド構築を行う必要があります。そして、さらに重要なことは、このブランドの維持です。

今までのブランドは、商品やサービスに依存していました。従って、商品やサービスの特徴が変わると、ブランドを変えることも多かったでしょう。市場の環境変化に合わせて、商品やサービスの特徴も変わるため、これは当然のことでもありました。

しかし、シングル&シンプル マーケティングにおけるブランドは、商品、サービスの特徴だけに留まらず、商品、サービスの開発方針や、生産方法など、その商品、サービスにまつわるすべての事業がブランドの定義範囲になります。従って、今までの商品、サービスのスペックやイメージ中心のブランドから、その企業の事業、活動を含むブランドに昇華されます。このように、次元の上がったブランドでは、そのブランドを簡単に変えないことも重要です。変えてはいけない理由は、この高次元のブランドでは、**その企業の社会やお客様との関わり方、付き合い方が含まれる**からです。つまり、シングル&シンプルマーケティングにおけるブランドは、**最初の定義はマーケターが行いますが、最終的には、社会を含む、お客様との共同資産になるのです。同じお客様との関係を維持するのであれば、ブランドも同様に維持することが、今まで以上に重要になります。**これが、シングル＆シンプル マーケティングにおけるブランドです。

お客様との関係の強さが利益の源泉になる

ここまで、シングル＆シンプル マーケティングでも、ブランドの定義は重要だということを述べてきました。シングル＆シンプル マーケティングは、マス・マーケティングと異なり、お客様に寄り添ったマーケティングです。そして、ブランドの定義範囲が、今までの商品・サービスの特徴だけでなくなり、高次元になるのです。

ここで、お客様の向き合い方について、振り返ってみましょう。これまでのマーケティングでも顧客ターゲットの設計は行っていましたが、Ｆ１、Ｍ２のような精度が低い設定でした。問題なのは、その設定を行っていながら、マーケティング実行中に、本当にそのターゲットが商品購入、サービス契約したかを、ほぼ確認していなかったことです。確認していたのは、売り上げや、市場シェアです。目標売り上げや、目標シェアを達成すると、ターゲットのお客様が購入、契約したのだと判断していました。

この理由は、いくつかあります。まずは、今までのマーケティングでは、マス・メディアを使うことが多く、誰に情報が届いたかよりも、何人に情報が届いたのかが優先されていたこと。次に、販売や契約の段階では、多くの場合で、製造と販売の会社や組織が異なっており、マーケティングを行っている会社、組織では、購入者、契約者のデータを分析できていなかったこと。さらに、そもそもマーケティングにおいて、広告、宣伝予算に比べて、マーケティングの調査費が少なかったことなどがあります。

これらの課題は、デジタル時代になり、解決できるものも出てきました。まずは、メディアを使っての情報伝達。インターネットの情報伝達に関しては、もちろん情報接触者の属性が取れるようになっています。テレビにおいても、ビデオリサーチが提供しているパネルによる視聴率以外にも、インターネットにつながっているテレビから視聴ログを取る形式のものも登場しました。例えば、「東芝テレビ視聴データ分析サービス」などが、その代表例です。

これら第三者が提供するデータに関しては、マーケターの調査費用の問題も大きいでしょう。データはもちろん無料で取れるわけではありません。マーケターがこれらのデータの価値を理解し、データに対して対価を払い、データを有効に活用することが、これらのデータ取得を維持するためにも必要なことでしょう。

情報接触者と購入者のデータ分析についても、さまざまな解決方法が出ています。一つは、もちろん自社内のデータ結合です。さらには、調査会社から提供されるデータはSingle Source Panelのような、メディア接触と購買を紐づけて分析可能なパネルも提供されるようになっており、他の先進国並みに、ようやくデータが揃ってきています。

さて、これらのデータにより、今までよりもマーケティングにおける対象者、つまりコミュニケーションの相手、購買者が理解できるようになってきました。シングル＆シンプル マーケティングでさらに提案したいのは、その相手、つまりお客様との継続的な関係の構築です。昨今マーケティングでは、ＬＴＶという言葉が登場しています。しかし、この言葉は、顧客生涯価値と訳されるように、マーケターの視点で見ている言葉かもしれません。シングル＆シンプル マーケティングでは、お客様との関係は、より対等になります。お客様の望んでいる商品、サービスをマーケターが提供し、その提供を継続的に行うことで、お客様との信頼関係も強化されるのです。

マーケティングの目的として、もちろん企業の活動として、収益のある事業を行うのは当然です。今までは、この収益の大きな考え方として、市場の拡大、特にお客様数の増加がありました。市場が人口増加している時には、この考えで良かったのですが、多くの市場ではこの考えが通用しなくなりました。

これからは、**お客様が購入する回数や、サービスを継続する期間が、大きな利益になります。**ここまでであれば、既存のLTVの考え方と同じですが、シングル&シンプル マーケティングでは、さらにこの関係の継続により発生する**信頼関係と、相互理解から、より お客様に相応しい商品や、サービスを提供することが可能になります。**

今までの、大量生産、大量消費型のマーケティングにおいては、企業と匿名のお客様との関係でした。お客様からすると、個人の属性を企業に提供しても、良い商品、サービスが提供されないと思っていました。シングル&シンプル マーケティングでは、大量生産以外の手法も使い、**お客様ごとにカスタマイズすることも重要になります。ある意味、マーケターは、お客様のアシスタントの役割を担うことになります。**

このような新しいお客様との関係性では、商品開発やサービス開発は、繰り返し、継続的に行う必要があります。そして、お客様も、その対価に関しては、どれだけ自分に相応しく、自分の求めていたものかによって、判断するようになっていくでしょう。つまり、シングル&シンプル マーケティングでは、お客様との関係性の強さが、利益の源泉になるのです。

シングル&シンプル マーケティングの考え方

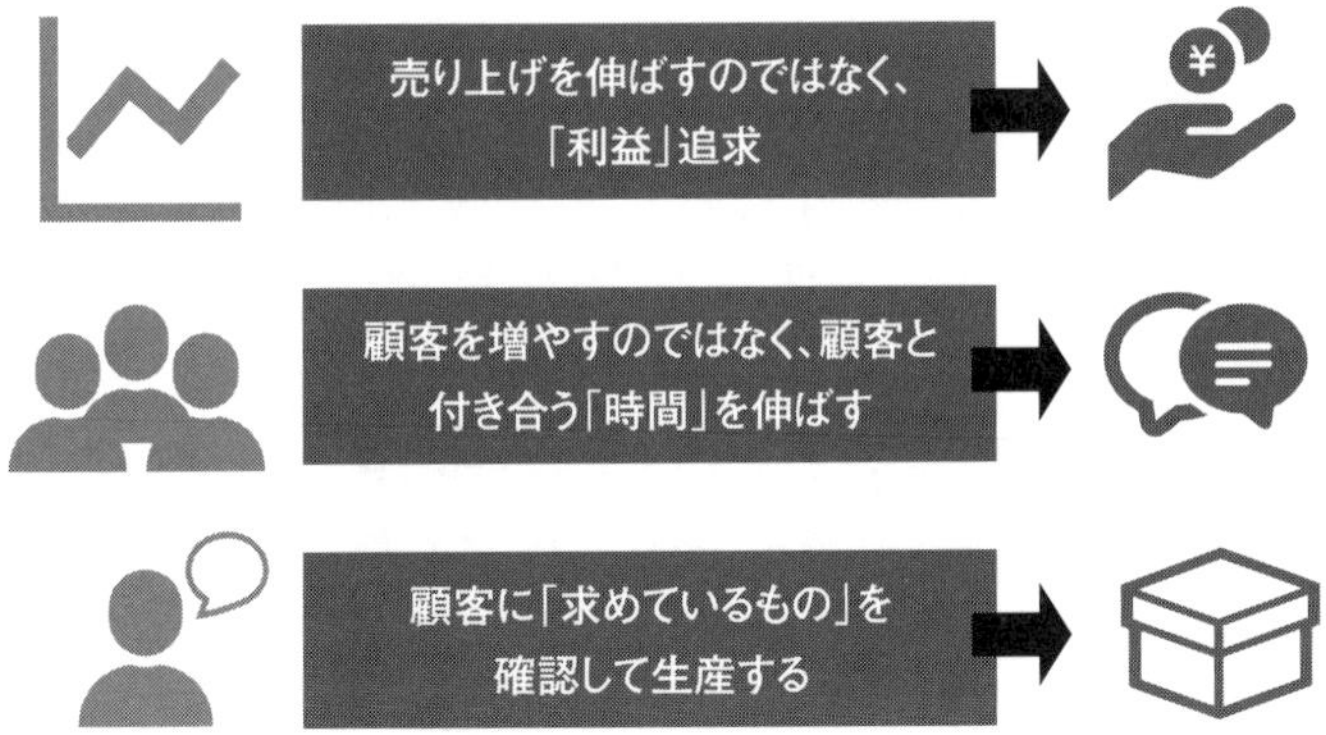
売り上げを伸ばすのではなく、
「利益」追求
¥
顧客を増やすのではなく、顧客と
付き合う「時間」を伸ばす
顧客に「求めているもの」を
確認して生産する

AIなどの最新技術は重要なパートナー

シングル&シンプル マーケティングでは、マーケターはお客様にとってのアシスタントの役割だと言いましたが、本当にそんなことが可能なのでしょうか。お客様がある規模の数になると、アシスタントとして質も量も満たすことは難しいと思われるかもしれません。

　そこで考えないといけないのは、最新の技術を、マーケティングのパートナーにすることです。今までのマーケティングでは、お客様とのコミュニケーション、極端に言えば、広告領域でインターネットやアド・テクノロジーのような技術を導入してきました。これからは、マーケターの多くの業務に最新技術を導入することが求められるでしょう。

例えば、**顧客別のデータ分析は、AIの登場により、かなり進化するでしょう。**今まで、マーケティングにおけるデータ分析の多くは、コミュニケーションと売り上げの関係など市場全体の分析が中心でした。しかし、これからは顧客別の分析が重要になります。

顧客別の分析とは、顧客の属性と購買、サービス契約の関係の分析や、過去の購買、サービス契約の履歴と相応しいレコメンデーションの関係などです。これらの分析には、近いお客様がいないかを探すのが得意な、ディープラーニング（深層学習）を使うことができるでしょう。

このディープラーニングの精度を向上させるためには、購買やサービスの履歴だけではなく、お客様とのコミュニケーションの履歴の保存、データ化も重要です。Webのアクセスログは、今までも活用していました。それに加え、**チャットのようなOne to Oneのコミュニケーションの記録も取得できれば、データは向上するでしょう。**そのためにはチャット・ボットのような、AIの仕組みを導入することで、サービスの向上とデータの取得の両方が可能になります。

このように、最新技術を導入することは、非常に重要です。最新技術を導入する際には、次の2つの視点で検討する必要があります。一つは、そのサービスの導入により、お客様へ届ける商品の品質、サービスの向上につながること。また、そのサービスの導入により、お客様の状況の理解が良くなることです。この2つは、ある種エコシステムの関係になっています。お客様に良いサービスを提供し、そのサービスからお客様のデータを取得し、さらに次のサービス開発につなげるということです。

今までのマーケティングでは、デジタル・マーケティングの言葉を誤解して、マーケティング・コミュニケーションのデジタル化を推し進めてきました。しかし、それよりも重要なのは、マーケティング・プロセスのデジタル化です。データ収集や、データ分析にデジタルのソリューションを使う、また自動化できる仕事には、デジタル・ソリューションを使う。このことの方が重要です。

シングル&シンプル マーケティングでは、今まで以上にお客様の求めていること、お客様の問題を解決することに注力する必要があります。そのためには、今までのマーケティングのプロセスの中で、デジタル・ソリューションに任せるべきことは、大胆に任せる必要があります。

お客様は人間であることを忘れるな、心理や行動の理解を

シングル&シンプル マーケティングでは、デジタル・ソリューションを使って、マーケティングのデジタル化を進める必要があります。しかし、対象となるお客様は人間です。このことは、マーケティングでは普遍のテーマであり、問題です。

例えば、購買データは、明確に買った、買わないが残りますが、その購買のプロセスが、明確な理由によって行われたかと言えば、そうではない可能性があります。どの商品を購入すべきか、あまり明確には判断できないのに、購入しているのかもしれませんし、最初から明確な理由があって購入したのかもしれません。販売データだけでは、この両者の区別ができません。

マーケターは、データの分析や理解を進めるときに、データの裏にこのような曖昧な人の心理や行動が隠れていることを理解しないといけません。

さらに、今まで以上にお客様のことを理解する必要があります。そのためには、人の心理や行動に関する学問の理解も必要になってくるでしょう。今までのマーケティングでは、どちらかと言えば、大量にデータを集めて、そのデータの多い部分や偏りに注目して、マー

ケティングの設計を行ってきました。しかし、シングル＆シンプル マーケティングでは、**一人ひとりのお客様の理解が重要なために、心理学や人間行動学のような学問のサポートも必要になるでしょう。**

つまり、デジタル時代になったとしても、マーケティングの基本は、人と人の行動であることから目を背けてはいけないということです。今まで以上に、お客様に寄り添うためには、このように「人」を理解することに注力しないといけないでしょう。

第6章

多様化する
お客様との向き合い方

データに振り回されず、予測と確認を

シングル&シンプル マーケティングでは、「お客様が望んでいる商品、サービスを提供」し、「お客様との継続的な関係を築く」ことが必要です。そのためには、お客様の理解が重要です。また、マーケティングとしては、そのお客様の集合である、市場の分析なども当然必要になります。

デジタル時代になり、今までよりも多くの種類のデータが、今までよりも精度が高く取得できます。では、それらのデータを使って、どのようにお客様や市場を理解したらいいのでしょうか。

データ分析の方法は、シングル&シンプル マーケティングになっても、以下のステップです。

(1) 知りたい、理解したいことを明確にする
(2) その知りたいこと、理解したいことに関係のありそうなデータを洗い出す
(3) 知りたいことについて、予想を立てる

(4) 実際に取れているデータを並べ、不足しているデータがないかを明確にする
(5) 不足しているデータや、精度の足りないデータがあるときには、そのデータの補完をする
(6) 予想どおりになっているか、データを使って確認する
(7) 予想と異なる場合には、再度予想を立て直し、データを使って確認する

データを使って「確認する」という言葉が出てきますが、データ分析というのは、まさにこのような「予測」を立てて「確認」することが基本なのです。

少し事例を使って説明しましょう。例えば、お客様の購買頻度を増やしたい場合を考えます。お客様は「その商品カテゴリーの購買頻度は高いけれど、他社の商品も購入しているのでは」との予測を立てた場合には、必要なデータはある顧客グループの自社商品の購買データと、他社商品の購買データになります。

実は、このように最初に知りたいことについて予測を立てないと、必要なデータが明確になりません。よく、データをたくさん集めて、そこから何か新しい発見がないかを探すこともあります。この方法で新しいことを発見できることもありますが、そもそも分析に必要なデータが揃っていないかもしれないのです。

マーケティングでは、人の行動を科学的に理解します。しかし、残念ながら人の行動そのものは、それほど科学的ではありません。説明のつかないことも多いのです。そのため、**購買やサービス契約の背後にどのような人の行動が働いているかを予測することが重要なのです。**

さて、このようなデータ分析で一番行いたいのは、お客様の理解でしょう。最初は自分に近い人物を顧客ターゲットにすることがお客様理解への近道でしょう。つまり、もっと簡単に言うと、マーケター自身が、自分を分析し、自分が求めている商品、サービスを開発し、マーケティングを行ってみることです。

今までのマーケティングでは、あまりにもマス・マーケティングを意識しすぎ、一番出現確率の高そうな顧客像を設定し、そのお客様が求めそうな商品・サービスを開発して、マーケティングしていました。この一番出現率の高そうなお客様というのは、時にデータから作られた偶像になることも多かったのです。マス・マーケティングでは、実はかなりデータに振り回されていたのかもしれません。

シングル&シンプル マーケティングでは、出現率という人の数よりも、お客様との信頼関係の継続という、時間方向の継続量の方が重要な因子です。そのためには、まずは自分の理解しやすい顧客像を考え、そのお客様が市場にいるのかデータを使って確認し、実際に存在するお客様の理解をさまざまなデータを使って行うことが重要なのです。つまり、データを見る前に、まず考え、データを使って確認するということが、重要です。

デジタルの時代になり、データはどんどん増えます。そのデータには意味のあるものも、ないものも含まれます。データの海に飲み込まれ、振り回されるのではなく、自分の行いたいマーケティングを考え、データを使って確認する。この行動が、シングル&シンプルマーケティングで求められているのです。

必要な顧客データを明確にし、更新し続ける

シングル&シンプル マーケティングで、データに関してもう一つ重要なことがあります。それはデータの更新です。シングル&シンプル マーケティングでは、お客様と寄り添う必要があります。そのためには、**顧客データを更新し続けることが、とても大切です。**
今までもマーケティングにおいては、さまざまな顧客データを取って活用していました。お客様の個人データを大量に取り始めたのは、メールマガジンの活用からだったかもしれません。この時に、マーケターとお客様の「データ」を使った関係に、あまり良くないことが起きました。マーケターは、メールマガジンを、メディアだと考え、多くの人に届け

ることを目的としました。そのためにマーケターは、多くのメールアドレスを取得しようとしました。本来メールは届けることよりも、いかに読まれるかの方が大切なのですが、それを忘れてしまったのです。結果、メールアドレスを登録したお客様は、初回のメールが届いたら、その内容に価値がないと判断し、メールアドレスをメールマガジンから削除する手続きを行いました。つまり、メールアドレスをお客様に登録させて、すぐに削除させるという行動をさせてしまっていたのです。

結果、当時のメールマガジンには、メールマガジンの登録解除という案内が目立つこととなりました。この本を読んでいる方の中でも、メールマガジンの解除の経験がある方も多いでしょう。メールアドレスを「更新した」という経験はあるでしょうか。ここで言う、顧客データの更新とは端的に言えば、メールアドレスの削除ではなく、メールアドレスの更新のことです。

お客様のデータ更新なんて難しいとお考えの方も多いのではないでしょうか。それは、もちろんお客様にメリットがないとデータをいただけないですし、お客様との信頼関係がないと、データを預けていただけません。

お客様のデータを更新し続けるには、まず、何のためにお客様のデータが必要かを明確にする必要があります。例えば、化粧品のようなスキンケア商品であれば、肌の状態によって、最適な肌のお手入れの方法が異なり、それを伝えることで、商品を長く使ってもらえ、お客様も肌を良い状態で保てることになります。このような仮説があるときに、メンテナンスすべきデータは、年齢ではありません。実際の肌の状態なのでしょう。データを取るべき目的を決めて、それに必要なデータを明確にすることが、データ更新のポイントです。

この肌の状態のようなデータは、経年変化をするデータです。そして、お客様と長く関係性を築くにはこのような変化するデータが必要になります。しかし、今までは年齢や家族構成といった、極めて外形的なデータを取っていました。本当に必要なデータは何かを明確にし、そのデータによりお客様により良い商品、サービスを提供できるようにしないといけません。

今までマーケターは、利用するか不明のデータを、大量にお客様から預かっていました。例えば、何かの会員登録をするときには、必ずと言っていいほど氏名、住所、Ｅメールアドレスの入力などがありました。実際には、その会員はポイント制で、購入時にそのカードを提出するだけのような場合であっても、です。このようなポイントプログラムでは、実際には購入商品ごとの購入頻度などを、マーケターは知りたいはずです。氏名別の分析など意味がないでしょうし、居住地別分析もあまり意味があるとは思えません。

このようなＦＳＰ（Frequent Shoppers Program／フリークエント・ショッパーズ・プ

ログラム）として、ポイント還元というものはかなり広まっていますが、このプログラムも根本から考え直す時が来ているのかもしれません。一部のカテゴリーにおいては、ポイントよりもお店の方からの最適なアドバイスや、最適な商品の提供をお客様は求めているのではないでしょうか。ポイント還元のプログラムは、多くの方に受け入れられやすいものであることは事実ですが、シングル&シンプル マーケティングは、個人のお客様に寄り添うマーケティングです。もっと、お客様にメリットのあるサービスを、お客様のデータを使って行うべきでしょう。

EC、オムニチャネル、決めるのはお客様

さて、ポイントプログラムを導入している一つの理由に、お客様の購買、サービスの契約場所の変化があるでしょう。商品を買うのは、お店だけという時代は終わり、ある時にはインターネットを使い、ある時にはお店でと、使い分けるのが当たり前になっています。このような、お客様の行動を理解するために、ポイントプログラムを導入し、お客様の購買行動を理解しようとしています。

購買や契約の複数のチャネルを統合的に考えるにあたり、オムニチャネルという言葉が

登場しました。そしてマーケターは、インターネットでもお店でも、同じ品質のサービス、商品の提供を行うことを考え始めました。

ところでお客様は、なぜ購買チャネルを使い分けるのでしょうか。実はお客様は、お店の良さ、インターネットの良さをそれぞれ理解して、チャネルの使い分けをしているのです。むしろマーケターの方が、それぞれのチャネルの特徴とお客様の使い分けの理由を理解しないといけないのではないでしょうか。

シングル＆シンプル　マーケティングでは、お客様に教わることが重要です。お客様には多様性があるので、すべてのお客様の考えを想像することは無理でしょう。恥ずかしがらず、恐れずに、お客様に聞くことが重要です。

このようなチャネルの進化、変化は、今に始まったことではありません。実際に、リアルな流通も、小さな町のお店がスーパーマーケットに変わり、街にコンビニエンスストアとドラッグストアが増え、郊外には大型ショッピングモールが登場するなど、変化は少なく見積もっても十年以上前から始まっています。このような変化は、今後も続くでしょう。

インターネットにＥＣが登場した時に、「リアルな流通がなくなる」という言葉が聞かれましたが、今でもリアルな流通はなくなっていません。それは、リアルな流通の方が得意で、インターネットのＥＣに不得意なことがあるからです。

例えば、リアルなお店の商品陳列には限界があります。一方、インターネットのECには、ほぼ無数の商品が並べられます。この違いだけを考えると、やはりインターネットECの方が、リアルなお店よりも優れていると感じるかもしれません。ところが、商品陳列に限界があるために、商品の比較が可能なリアルなお店に対して、インターネットECは、商品を比べることにはあまり向いていません。

このように、商品の陳列数という点から見ても、あるお客様には、リアルのお店の限界は逆にメリットであり、他のお客様にはデメリットになるのです。つまり、今後も進化するチャネルは、お客様ごとにチャネルの選択理由が異なり、利用シーンが異なることを理解しないといけないのです。

マーケティングの基本なのですが、**マーケターがチャネルを決めるのではなく、お客様の望んでいるチャネルを、お客様の望んでいる理由で展開すること**が重要なのです。やはり、シングル&シンプル マーケティングの基本である、「お客様のニーズに合わせること」が重要なのです。

今までチャネルにおいては、展開エリア、展開店舗数が重要とされていました。ここも、マーケターは考え方を変えないといけないでしょう。市場が成熟して、商品、サービスに大きな差がなくなったカテゴリーにおいては、**お客様がその商品、サービスをどこで受け**

取りたいのかを理解して展開しないといけないのです。

例えば、地方で有名なお菓子があったとします。日本では、流通網の発展から、東京で実に多くの地方の銘菓が買えますが、東京で買うのと、その銘菓のある場所、さらにはその銘菓のお店で買うのには、物理的な違いがなくても、総合的な体験には大きな違いがあります。実は、成熟した市場では、時に購入やサービスの契約の瞬間の体験も、お客様にとっては重要な価値なのです。

つまり、**これからのチャネル設計は、お客様の購買や契約の体験も含めて行うことが必要です。また複数のチャネルを展開する場合には、そのチャネルの良さが最大化できるように設計しないといけないのです。**

つまり、シングル＆シンプル マーケティングでは、チャネル戦略も、お客様に学び、お客様の望んでいる価値を提供する必要があります。チャネルをマーケターが決めるのではなく、お客様に応じた最適なチャネルを選び展開するのです。

不満を解消、世の中を変えるソリューションを

シングル＆シンプル マーケティングにおける、お客様とのコミュニケーションは、お

客様がデジタルを使いたければ、デジタルを使います。お客様が、1対1のフェイス・トゥ・フェイスのコミュニケーションを望んでいれば、そのようにします。コミュニケーションは、相手との相談で、その方法が決まります。**デジタル化によって、お客様が望む手法の選択肢が広がっています。**

またこれからのマーケティングでは、**今までの方法とデジタルを組み合わせ、何か新しいサービスができないかを考えることも重要でしょう。お客様の本当に解決したいことや、行いたいことを理解すれば、世の中を変えるソリューションを提供できる**のです。先述した「全国タクシー」というアプリケーションで言えば、タクシーの予約センターに連絡していたこれまでの方法を、スマートフォンのGPS機能と通信機能により、通話しなくても、その位置にタクシーが呼べるようにしています。旧来の予約方法では、呼びたい場所の位置はその場所に詳しくないと伝えられませんでした。しかし、このアプリを使えば、その場所に詳しくない旅行者でも簡単にタクシーが呼べるようになったのです。Ｓｕｉｃａのような交通ＩＣカードも、切符売り場で、自分の行先を路線図から探して、切符を買うという既存の方法を変えたサービスです。慣れない土地で電車に乗る場合、単純に移動したいだけなのに、行きたい場所は、そこから南か北か、といった地理の知識が要求されました。乗客は電車に乗って移動したいだけであり、地図を覚えたいわけでも、正確な料金を覚えたいわけでもありません。この交通ＩＣカードの登場で、改札の前の切符売り場の前で悩むお客様は本当に減ったのではないでしょうか。

これからのマーケティングは、お客様の理解、そして綿密なお客様とのコミュニケーション、そして何よりクリエィティブなことが求められています。

シングル＆シンプル　マーケティング時代のコミュニケーション

近年のマーケティングにおけるコミュニケーションは、大きな問題を抱えていました。というよりも、コミュニケーション方法に大きな変化が起きているのですが、それをマーケターは無視していたのかもしれません。一番の変化はＩＣＴの登場です。マーケターは、ＩＣＴの中でも、インターネット、つまりＷｅｂを使った広告、コミュニケーションを活用してきました。しかし、ＩＣＴの本質は、コンピューティングの進化とその周辺機器との接続です。少し事例で紹介しましょう。

今まで、雑誌は発行部数が非常に重要な数字でした。この背景には、アナログの凸版や凹版の輪転機を使って印刷しており、大量に印刷するほど、印刷費が安くなるということがありました。この印刷機器もデジタル化し、デジタルを使った輪転機も登場しました。

この印刷方式では、発行部数に関係ない印刷費になります。インターネットを使った広告で、配信回数が増えたら、広告の掲載費用が安くなるでしょうか。インターネットでは、ピア・トゥ・ピアの通信ができるので、配信回数が増えたから安くなるということはありません。

そして、この仕組みが、印刷や放送のビジネスにも徐々に染み込み始めています。例えば、ラジオも、大きなアンテナが必要な放送から、インターネットを使った通信のラジコのようなサービスが始まり、大量配信が必要ないインフラを手に入れています。

つまり、これまでマス・コミュニケーションを使って、大量に同じメッセージを送っていたのは、メディアにもメリットがあり、またマーケティングのプランもマス・マーケティングだったという2つの理由があったからです。

マーケティング側の理由で行っていたマス・マーケティングが崩壊して、シングル&シンプル マーケティングになると、同じメッセージを大人数に届けるというのは、意味がありません。シングル&シンプル マーケティングは、お客様に寄り添うマーケティングであり、画一的なメッセージング、コミュニケーションは望まれていないからです。

メディアやコミュニケーションのチャネルの環境の変化も、マーケターは理解し、このシングル&シンプル マーケティング時代のコミュニケーションを考えないといけません。

ここで、あえて広告という言葉を使っていないのは、今求められているのは顧客別のコミュニケーションだからです。CRMやMAは、マーケティングや営業のタイミングのコントロールだけのために登場したものではありません。顧客別のカスタマー・ジャーニーに合わせるのであれば、その**コミュニケーションの内容も顧客別に行う必要があり、そのためにもCRMやMAは活用できるはずなのです。**

例えば、インターネット広告の代表である、バナー広告は、ターゲット別にクリック率を調べて、最適なバナー広告を露出できるようになりました。この技術は、テレビCMや通常の会話でも応用できるはずです。今までテレビCMは、あまり多くの種類を作らないことがマーケターとして優秀とされてきました。それは、マス・マーケティング、マス・メディア、マス・コミュニケーションの時代の考えです。

もう一つ、シングル&シンプル マーケティング時代に考えないといけないのは、コミュニケーションのデータの蓄積です。今までのマーケティングにおけるプロモーション領域のデータは、何を行ったかというデータが保管されていました。例えば、キャンペーン設計書などはその代表例でしょう。テレビCMの時期と投入量。雑誌広告の時期と、その広告クリエイティブ。何を広告主がお客様に届けたのかは、明確にデータ化されています。

しかし、それより重要なのは、どのお客様が、どの情報に接したのか。また、その情報を受け取ってどう感じたのかでしょう。お客様も、今までのように何度も同じ情報に触れるのではなく、自分に相応しい情報を得たいはずです。

つまり、これからコミュニケーションにおいては、**顧客別の接触データと、それに対する反応データが重要になるでしょう。**

個人別のコミュニケーションで、人と人の付き合いに

さて、シングル&シンプル マーケティング のコミュニケーションは、よりパーソナライズされることになるのですが、**パーソナライズというレベルも不十分**でしょう。パーソナライズとは、今まで画一化されていたものをある程度個人レベルに歩み寄ることです。しかしそれは、本来であれば、個人別に行わないといけないことを、疑似個人別に行うことに過ぎません。

今は、デジタルの力を借りて、本当の個人別のコミュニケーションを行うことが可能です。シングル&シンプル マーケティングでは、コミュニケーションの質を向上させることとも重要なことです。

少し振り返ってみれば、マス・マーケティング、大量生産の時代に「広告」というマス・

メディア上のコミュニケーションが活用されるようになりました。マス・メディアを使ったコミュニケーション、広告は今後も残るでしょう。その理由は、テレビや雑誌などを利用する時の媒体費が、一人当たりのコストでは安価であり、また一度の到達量も多いからです。

今後も、全く世の中になかったような新領域の商品、サービスの告知には、マス・メディアを使った広告が使われるでしょう。また、ブランドのイメージ醸成のような、クリエィティブが重要な要素の広告には、テレビが使われ続けることになるでしょう。

デジタルが登場するまでは、このマス・メディアを活用した広告と、お店での購買や、営業での契約までの間のコミュニケーションが希薄でした。また、購入後やサービス契約後のアフターフォローのコミュニケーションも同様に希薄だったでしょう。シングル＆シンプル マーケティングでのコミュニケーションは、今までのコミュニケーションを否定するものではなく、今まで希薄だった領域のコミュニケーションを充実させるものです。

今までマーケティングでは、情報伝達、交換を、コミュニケーションと定義せずに、プロモーションを行っていました。今後は、プロモーションに加えて、コミュニケーションもマーケティングの重要な活動になります。

例えばお客様がお店に来る前にＷｅｂサイトを見ていたとします。その情報を、お店のスタッフが理解していたら、お店での商品の説明は、よりお客様向きになるでしょう。そして、商品を実際に購入されて、家で箱を開けた時に、メールで「わからなかったことがあったら、チャットしてください」と、購入したお店の店員からメッセージが届いていたら、お客様はどんなに安心しながら商品を使うでしょうか。

今まで、このようなサービスは、一部の高額購入者や、ラグジュアリー・ブランドでは行われていました。しかし、ＩＣＴの進化で、このような素敵な体験を提供することが容易になってきました。そして、このコミュニケーションの設計も、顧客ニーズなどに合わせることが重要です。

今までのマーケティングは、きわめて確率重視の考えがありました。それはお客様との中・長期の関係性よりも、短期の顧客数を重視していたからです。さらにこの背景には、市場が拡大し続けていたことがあります。しかし多くの地域の市場が成熟し、規模の拡張がない今は、顧客数よりも、あるお客様との継続性の方が重要であり、関係継続のためには、コミュニケーションが重要になっています。今までは、広告の基本である、誰にコミュニケーションするのか(Target)、何を伝えるのか(What to say)、どのように伝えるのか(How to Say)の設計を行っていました。シングル&シンプル マーケティングのコミュニケーションでは、これらに加え、**「いつ、どのタイミングで伝えるのか（When）」「どこで伝**

えるのか（Where）」も加わります。今までは、主に広告を使って、広告主からお客様への片方向、ワンウェイのコミュニケーションがメインでした。しかし、これからのお客様とのコミュニケーションでは、双方向のものが増えていくでしょう。例えば、チャットやスマートスピーカーを使った疑似的な双方向のコミュニケーションもあるでしょうし、実際の対面のコミュニケーションも増えていくでしょう。そのコミュニケーションの場所の設計、さらにコミュニケーションの順番のようなストーリー設計が、今までのコミュニケーションの設計に付け加わります。シングル＆シンプル マーケティングでは、お客様との関係性が重要なので、このようなコミュニケーションの設計は、マーケティングの成否に直結します。

そして、なんといっても、コミュニケーションを相手がどのように感じるかという「質」の問題が大きくなるでしょう。

デジタル・ツールとの協働

さて、このようにコミュニケーションが重要になるシングル＆シンプル マーケティングでは、今まで以上にデジタル・ツールと人の協働が重要です。

手続きが明確なことや、自動でできることは、コンピューターなど、デジタルに任せます。例えば、毎日の売り上げ分析データなどの定型レポートは、コンピューターの自動化処理を利用します。シングル&シンプル マーケティングは、今まで以上にクリエイティブで、またお客様との関係構築に時間が必要です。そのためには、誰が行っても結果が同じで、かつデジタルに任せることができる仕事はデジタル化します。

一方、予測を立てたり、未知の業務を行ったりなど、自動化できないことは、人が行います。例えばコミュニケーションのスケジュールの設計や、新しい商品・サービスのコンセプト開発などです。今までのマーケティングと、シングル&シンプル マーケティングが異なるのは、ターゲットが一つではなく、顧客別にマーケティングを行う点です。そのために、今まで以上にお客様のことを考え、お客様に向き合う時間を作る必要があります。複雑になったと感じるかもしれませんが、より人間的なマーケティングに戻ったとも言えます。

シングル&シンプル マーケティングは、お客様と寄り添うという極めて単純なマーケティングですが、その実現のためには、デジタルと、人間力、特に人間の思考力との組み合わせが重要です。そのためのデジタル化の肝と、思考力の重要性について考えます。

まずは、デジタル化です。実はマーケティングのデジタル化を進めるツールは非常に多く存在しています。次ページに掲載した図は、２０１６年の時点で、日本国内で契約し、利用できるマーケティングテクノロジーの一覧です。これだけ、多種多様なツールが存在しているのです。

このようなマーケティングのデジタル化を進め、自動化を進めるソリューションは積極的に導入を検討すべきでしょう。その理由は、もちろんマーケティングのプロセスのデジタル化と、自動化にありますが、もう一つ大きな理由があります。それは、マーケティング・プロセスの標準化です。

日本のマーケティングは、会社ごとに実にさまざまなプロセスが存在しています。今までは、そのプロセスの違いが、マーケティングの違いだったのでしょう。プロセスがマーケティングの質を変える要素だと考えていたのです。しかし、企業ごとにお客様は異なります。提供する商品、サービスが異なります。これからは、プロセスの違いよりも、お客様との関係性の違いが重要な要素になります。

さて市販のデジタル・ソリューションを導入するときに、自社のマーケティング・プロセスや考え方に合わせるために、日本のマーケティング組織では、カスタマイズが多く発生します。ここで考えたいのは、そのカスタマイズは、本当に必要かということです。つまり、今まで行ってきたマーケティング・プロセスは、本当に質を高くするための要素な

マーケティングテクノロジーのランドスケープ

Media/Channel

Ads

Mobile Ad
nend/GREE/AMoAd/i-mobile/InMobi/AdMob

Location Ad
near/GroundTruth/cinarra/StrikeAd

Video Ad
Tube Mogul/UNRULY/VIDEOCLOUD/YouTube/videology/maio

DSP
ScaleOut/Platform ID/MicroAdBLADE/AdRoll/FreakOut/DoubleClick Bid Manager/Bypass/MediaMath/criteo/Logicad/MarketOne/Oath Japan/Turn/nex8

SSP
fluct/Geniee/Ad Generation/YIELDONE/PubMatic/GMOSSP/MicroAd COMPASS/Rubicon Project/Oath Japan

E-mail

ORACLE MARKETING CLOUD/Experian/Synergy!360/PIPED BITS/AZIA/Adobe

Recommendation/Optimization

Recommendation
SILVER EGG/Scigineer/Rtoaster/レコメンドウエアハウス/NaviPlus

Optimization
User Insight/DLPO ACT/Adobe/Optimizely/ADinsight/USERDIVE/Sprocket

Process/Operation

BI/Analytics

Business Intelligence
Tableau/Microsoft/datorama/QlikView/ORACLE/IBM/sas/MicroStrategy/SAP

Analytics
Sitecore AIDA/AD EBiS/Google/Visionalist/GinzaMetrics/RTmetrics/WebAntenna/Adobe

Management

Ad Management
THREe/Kenshoo/Marin/L2Mixer/Adobe

CRM SFA
Microsoft/SAP/ORACLE/salesforce

3PAS
digitalice/EffectiveONE/Sizmek/Google

WCM/DAM
WebRelease2/Adobe/Xinet/HeartCoreCXM/SDL/sitecore/NOREN/Web Meister/MovableType/Open Text TeamSite

Verification
ORACLE/COMSCORE/Integral Ad Science/MOAT/Sizmek/DoubleVerify

Campaign Management
ORACLE MARKETING CLOUD/Synergy!360/Marketo/YURAS/B→Dash/salesforce/プラスアルファ・コンサルティング/SATORI/Adobe/IBM/SHANON/IGNITIONONE/HubSpot

Social Media Management
Boom Research/見える化エンジン/ソーシャルPLUS/Sprinklr/Adobe/NTT DATA/クチコミ@係長/TORCHLIGHT

Tag Management
Google/YAHOO!JAPAN/TEALIUM/AudienceOne

Research

Online survey
Questant/Marketing Applications/SurveyMonkey

Platform

DMP

Public DMP
Turn/AudienceOne/YAHOO!DMP/ScaleOut/IntimateMerger/Xrost/FreakOut

Data Sale/DMP
CXENSE/Audience Science/Adobe/acxiom

CRM DMP
ALBERT/Rtoaster

Bigdata

amazon web services/Zettaset/SAS/cloudera/TERADATA/MAPR/TREASURE DATA/IBM/GREENPLUM/Google Cloud Platform

Cloud

SAP HANA/amazon web services/ORACLE/Microsoft Azure/Google Cloud Platform

（注）2016年調査時点。配置は製品のシェア・機能数などを表すものではありません。名称は最新のものに編集部で修正。

のでしょうか。デジタル・ソリューションを導入するときに、すぐにツールのカスタマイズをするのではなく、一度プロセスを見直すことが重要です。すでに、これらのデジタル・ソリューションが世の中に存在するということは、そのソリューションをそのまま使えているマーケティング部門があるということでもあります。また、カスタマイズがなければ、初期の導入コストも下がりますし、バージョン・アップにおいても追加のコストがかかりません。さらに標準的な使い方であれば、他の組織のマーケターでも、そのソリューションを使った経験があれば、すぐにマーケティングを行えます。

このように、デジタル・ソリューションを積極的に導入し、合わせてマーケティングのプロセスを標準化することも、デジタル時代には求められています。

さて、マーケティングのプロセスを標準化、自動化したら、残りは人間の思考力を使います。シングル＆シンプル マーケティングでは、この人間の思考力が、特に重要です。多くのデータを使い、分析し、そのお客様のことを考える。そして、お客様とともに、より良い解決方法を探す。これが、シングル＆シンプル マーケティングの基本です。

ＡＩが、発想などのクリエィティブな仕事まで行うので、マーケティングがほぼ自動化され、人が不要になるのではと考える人がいますが、今私たちが使える人工知能は、過去の事例から一番良いものを探し出してくれる、高速かつ巨大なデータベース・マシーンにしかすぎません。**私たち人間の思考力に求められているのは、未知の答えです。**私たち人間は、今までにないことが考えられます。

シングル&シンプル マーケティングでは、このようにデジタルを使い効率化されたマーケティング・プロセスとともに、より人間的に思考を行うことが求められます。これこそが、お客様に向き合い、寄り添うことになります。

第7章

個客を捉えるデジタル活用

顧客行動と潜在意識の分析

シングル&シンプル マーケティングにおいて、データ分析は重要です。そして、今までのデータ分析を進化させないといけません。

今まで、マーケティングで行ってきたデータ分析は、主に相関分析や因果分析でした。テレビ宣伝と売り上げの相関や、お店での販売価格と販売数の関係などです。シングル&シンプル マーケティングでは、これらの分析に加え、**顧客行動や明示化されていない意識の分析が加わります。**それぞれ、どのように進化させるべきか、または取り組むべきかを考えていきます。

まずは以前から行われている、相関・因果分析です。これらの分析を行うのは、市場という全体に対して、どのようなマーケティング施策が有効だったか、またどのような環境変化が関係あるかを分析するためです。分析手法としては、売り上げや、契約者数などのマーケティングの最終目標に関して、どの因子の影響が強いかを探し出す手法です。データを時系列に並べて、影響の高い因子を探し出します。

この分析についても、デジタルの進化により、かなり進化しています。前出の図「マーケティングテクノロジーのランドスケープ」（182ページ）の「BI/Analytics」のカテゴリーにあるように、多くのマーケティング分析ソリューションが存在しています。今までは、マーケティングの相関・因果解析は、「エクセル」などの計算ソフトウエアや、「R」のような統計ソフトを、主に利用していました。しかし、最近は多くの市販のソフトウエアに数理経済モデルが取り込まれており、非常に使いやすいものが多く出てきました。

今までは、マーケティングのデータ分析と言えば、分析ツール作りが中心だったと思いますが、それはこのような市販のソリューションに委ね、改善すべきはデータの収集や、必要なデータの精度を上げることです。ビッグデータの時代になり、さまざまなデータが利用可能になりました。相関・因果分析の領域においては、分析方法から、分析に使うデータにその注力領域が変わってきたでしょう。

そして、この相関・因果分析では、分析後のマーケティングの実行に少し問題がありました。それは、分析を行い、新しい発見があっても、次のアクションに結び付いていない点です。データ分析は、マーケティングの中では、科学的な領域です。しかしながら、100%の確率、精度というものはありません。相関・因果分析で新しい発見があった場合には、実際に確認することが重要です。つまり、実験を行い、確認するところまでが科学です。マーケティングは、社会科学の領域であり、環境の影響を受けます。実際に、実験を行うことにより、発見どおりの結果が得られないことが多々発生するでしょう。その場合、発見が間違っていたのではなく、影響のある他の因子が見つかったことになります。統計や、計算の時間を増やして、相関・因果分析の精度を向上させるよりも、このような実証実験を行い、**考慮していなかった環境の因子などを探すことの方が、事実の理解への近道です。**

さて、もう一つのデータ分析である、顧客分析について考えましょう。ここまで説明してきた、相関・因果分析が「マクロ」な分析なのに対して、こちらは「ミクロ」な分析です。この顧客分析が、今まであまり行われてこなかったのには、理由があります。一つは、日本市場においては、あまりお客様に多様性がなかったことです。もう一つは、お客様の購買や行動のデータが、ほとんど取れない、または流通していなかったことにあります。

お客様の多様性については、第1章で説明しました。ここでは、個人の行動や購買データについて、説明します。

行動データのもっとも身近な例では、Ｗｅｂのアクセス分析があります。今まで、これほどお客様の商品やサービスの予習行動をじっくりと観察できるものがあったでしょうか。例えば、Ｗｅｂに訪問する「検索単語」ですら、大変興味深いデータです。そこに、ＤＭＰやＣＲＭなどを付け加えれば、Ｗｅｂのアクセスログは、お客様を理解する非常に良いデータとなります。

今まで、Ｗｅｂのアクセス分析は、どのページに何人訪問したか、一番アクセスの多い、人気のあるページはどれかなど、ページを主語に分析してきました。これからは、女性の多く見るページとか、キャンプに興味のある人が訪問するページなど、**訪問者別または、訪問者の属性別に分析することが重要でしょう。**

さらに、購買者に関するデータについては、Ｔポイントを利用したＣＣＣ（カルチュア・コンビニエンス・クラブ）の購買データが有名ですが、Ｐｏｎｔａのロイヤリティ マーケティングなど、購買データの提供会社も増えてきました。また、クレディセゾンのようにクレジットカードの購買データの提供サービスも出てきましたし、マクロミルのように、家計消費の支出を使った家計パネルも出てきました。このように、購買データについても、非常に多くの企業から、実に多くの種類のデータが使えるようになってきました。

これらのデータを使うことにより、お客様の分析を、非常に多くの切り口で行えるようになってきました。今までの、お客様の分析というのは、バスケット分析と呼ばれる、同時に購入される商品の分析のような、ごくごく短期間の分析でした。しかし、これからは、Ａという商品を買ったお客様は、１年以内にＢというサービスを契約するなど、**ある期間、継続した分析が可能になってきています。**

今まで、このある期間の分析というのは、それほど注目されていませんでした。それは、日本においては、お客様にあまり多様性がなく、ライフステージなどの経年変化にもあまり多様性がなかったからです。しかし今は、年齢と、結婚や家を購入するなどのライフステージの変化に、相関性が希薄になってきており、お客様別にどのようなライフステージや購入歴、サービス契約歴になるのか、理解することが非常に重要になってきています。

期間についても、購入やサービス契約直前のような、短期間の分析と、生活スタイルの変更のようなやや中期の分析では、分析の対象データや方法も異なってきます。それぞれ考えてみましょう。

まずは、簡単な短期間の分析から考えます。購入やサービス契約直前の分析です。これは、自社のWebサイトやスマートフォンのアプリなどと、実際のコミュニケーションを組み合わせれば、かなり細かなデータ分析と、コミュニケーションが可能です。

例えば、そのお客様にとって、新たに商品選択をする購買について考えてみましょう。Webサイトでcookieや、スマートフォンで個別の端末などが識別できるようになっていることが、この分析の前提条件です。最近では、DMPの仕組みを使うことでもこの分析は可能です。この分析を、実際の接客やコミュニケーションと結び付けるには、お客様の会員番号やEメールアドレスとの紐づけも必要です。この領域では、CRMツールなどを利用しても良いでしょう。

お客様が新しい領域の情報をインターネットで探される時には、非常に古典的または、広範囲な単語を使って、情報を探されます。例えば「デジカメ」を探す時に「入学式　カメラ」などと必要なシーンとともに入力したりします。このような、一般的ではない単語で訪問されたお客様は、この領域の新客であることが多いです。その後、サイトや他の情報に接するうちに、よく使われる一般の固有名詞に、検索単語が変わります。いわゆる、購買・契約前の学習です。このように、同じパソコンやスマートフォンなどからのアクセスが繰り返され、検索単語が変わってきたことを分析することにより、お客様の情報の取得度がわかります。そして、適切なタイミングで、対面のコミュニケーションに変えることで、精度の高いマーケティングが行えるでしょう。この時に、実際にどのような情報とオウンドメディアで接したかを、対面のコミュニケーションで適切に使えば、無駄の少ないコミュニケーションが行え、お客様のストレスや不安感も少なくなるでしょう。

このような、新領域の商品・サービス契約の、オンラインとオフラインの融合のコミュニケーションの設計は、まだまだ始まったばかりです。あるサイトでは、新しいお客様がＷｅｂサイトに訪問した時にチャットで積極的にコミュニケーションしているケースもあります。また、別のサイトでは、メールアドレスの登録や資料請求を行わないでサイトを出た場合、理由を聞くものもあります。このように、Ｗｅｂサイトだけでのコミュニケーションの設計も、まだまだきちんとできていません。これからは、Ｗｅｂやスマートフォンからのアクセス分析を、お客様別に行い、さらにオンラインとオフラインのコミュニケーションの統合を行っていくべきでしょう。

さて、もう一つの中期の分析です。こちらは、ほぼ未知の領域です。というのも、今までお客様の潜在的な意識については、マーケティングではデータが取れないと考えていました。しかし、ＤＭＰの登場により、広範囲なインターネットの行動のデータが取れるようになりました。誤解がないように説明しますが、ＤＭＰ単独では、お客様の特定はできません。あくまでも、コンピューターやスマートフォンからのアクセスの行動を収集し、分析が可能になるだけです。マーケターとしても、個人情報が必要なのは、購入や契約の確率が高くなってからで良いはずで、このＤＭＰの仕組みでマーケティングとしては十分です。

さて、このＤＭＰを使えば、例えば、女性で、最近小学生の教育関連の情報を頻繁に見ているとわかれば、お子様がそのくらいの年齢かもしれないと想像できます。そのお客様が、自社のサイトに訪問したならば、子どもの教育用の商品・サービスの情報提供を行うことができます。また、同じお客様が5年後に、今度は就職やパートタイムの仕事の情報を見ていたらならば、今度は子どもが10歳前後の母親に人気の就職先の情報を提供することが可能です。

これらは、まだ想像の領域が多いのですが、**このような中期のライフステージの変更と、自社のマーケティングの関連の分析が必要でしょう。**この中期のデータの活用は、中期のデータの蓄積も併せて必要であり、仮説を立てて、実証実験を行いながら、データ分析とコミュニケーションを改善することになるでしょう。

シングル&シンプル マーケティングでは、お客様との関係性が非常に重要になるので、この領域の分析と実行はとても重要でしょう。

お客様に支援してもらえる関係性を築く

ここまでデータ分析を行って、お客様についての理解を進めながらコミュニケーションを行うことを説明してきました。シングル&シンプル マーケティングでは、マーケターとお客様の相互関係も極めて重要で、**ある時にはお客様に支援してもらう、もっと簡単に言うと「助けてもらう」ことも重要です。**このような相互の関係は、お互いの理解にもつながり、より関係性が強化されます。

つまり、「お客様とともに成長」し、「お客様がお客様を呼ぶ」状態にする方法について、考えます。非常に有名な方法は、ネスレ日本の「ネスカフェ アンバサダー」というマーケティングではないでしょうか。これは、まさに職場の中に、ネスカフェの商品・サービスをどのように広めたらいいかを考え、お客様にネスカフェの商品を広めてもらうプログラムです。

この「ネスカフェ アンバサダー」とは、職場のある方が、ネスカフェの定期購買を申し込みます。そうすると、ネスカフェを入れる専用マシーンが職場に届き、コーヒー・マシーンが無料で使い続けられるというものです。

この「お客様がお客様を呼ぶ」ケースは、非常にわかりやすいでしょう。都市の職場の周りには多くのコーヒーの選択肢があります。スターバックスなどのコーヒー専門店が増え、コンビニエンスストアでも缶コーヒーだけではなく、コーヒー・マシーンによるサービスが普及しています。ネスカフェがインスタントコーヒーを発表し、職場で気軽にコーヒーを提供し始めたころには想像ができなかったくらいに、競合が増えたのです。しかし、職場を出ずにコーヒーを飲むという気軽さは、今もお客さまにとってメリットであり、それを再確認するために、職場にコーヒー・マシーンを置いてもらうことをお客様に頼んだのです。

おそらく、このコーヒー・マシーンを、会社の総務や福利厚生の方たちに無償で提供しても、これほどまではアンバサダー・プログラムは広がらなかったでしょう。総務や福利厚生で行うと、コーヒー提供の業務になり、またなぜネスカフェなのかという議論も始まります。今回のアンバサダー・プログラムは、会社のある人が、ボランティアでコーヒー・マシーンを置き、やわらかなグループで、コーヒーをシェアしているから、これほどまでに広まったのでしょう。

そして、今やこのコーヒー・マシーンの種類も増えて、さまざまなコーヒーが楽しめるようになりました。アンバサダー・プログラムの普及に合わせて、徐々に商品の幅を広げています。そして、何より、アンバサダーは、ネスカフェにとって、優良なお客様でもあり、重要な相談相手になっているのです。どのような職場環境で、コーヒーが飲まれているのか。どれくらいの人数で、マシーンを共有しているのか。今までは、わからなかった職場内でのコーヒー消費について理解できるようになったのです。このようなデータを持っている会社は、他にありません。つまり、「お客様とともに成長」する基盤が完成したのです。

今までのマーケティングでの調査というと、母集団から統計的に正確に抽出したサンプル集団に対して、アンケートや、フォーカス・グループ・インタビューを行うことが多かったでしょう。しかし、これからは調査だけではなく、すべてのお客様から意見や感想を聞くことも必要な時代になっています。それは、ＩＣＴの進化もありますが、成熟した市場におけるマーケティングでは、お客様の数は無限ではなく、ある程度の規模に落ち着きます。つまり、すべてのお客様から意見を伺っても、分析できる程度の数になっていることが多いのです。調査という特別な手段だけではなく、お客様とのコミュニケーションによって、感想、意見、アドバイスを伺えばいいのです。

調査のように、特別な機会を作らなくても、意見は集まるようになりました。一方、**調査と違うのは、伺った意見には敬意を払って対応しないといけないということです。なぜなら、お客様からいただいた意見は、コミュニケーションの過程でいただいており、それを無視してしまえば、コミュニケーションが継続しなくなるからです。**シングル&シンプル マーケティングでは、お客様との関係は、継続的で、双方ともに敬意が払われたものになります。従って、お客様からいただいた意見やアドバイスは、無視するのではなく、対応するか、しないかを考え、またお客様にそれを伝える必要があるのです。とはいえ、ごく一般的なコミュニケーションを行えば、問題はないでしょう。

さて、このようなお客様とともに成長するマーケティングで有名な事例に、「What's your Starbucks idea?」があります。これは、アメリカのスターバックスが行っているマーケティング・プログラムです。その名前のとおり、お客様にスターバックスに関するアイデアを投稿してもらうプログラムです。極めて、ＳＮＳ時代に合っている取り組みなので すが、日本ではなぜかこのような取り組みが広がりません。

このスターバックスの取り組みは、２００８年3月に「My Starbucks Idea」としてスタートしました。このサイトから、多くのアドバイスが実際にスターバックスに生かされました。２００８年には25件、２０１２年には73件ものアイデアが採用されました。有名な意見としては、スターバックスにはFree Wi-Fiがあり、これはお客様からの意見が採用されたものです。

お客様に積極的に意見を求めることに対して、良くない意見が集まり、炎上するのではないだろうかといった心配もあるかもしれませんが、意見を出しているのは、その商品の購入者やサービス契約者です。先に考えなければならないのは、この購入者や契約者の意見をいつでも聞ける状態にしているのかということです。既存のお客様の満足度を高めるには、どのような活動を行ったら良いのか。さらには、既存のお客様との関係をより強化するにはどうしたら良いのかという視点も重要です。

今までは、お客様とのコミュニケーションは、お客様が困ったときにサポートする「お客様相談センター」に代表されるものでした。そして、商品やサービスの良さを伝えるのは「広告・宣伝」のような一方的な情報伝達でした。

これから行うシングル&シンプル マーケティングでは、商品、サービスの良さを伝えるのも、困ったことを聞くのも、さらなる期待値を話すのも、それらが融合されたコミュニケーション的なものになるでしょう。それが、お客様との関係を、長期にわたり維持させる近道です。

繰り返しになりますが、シングル&シンプル マーケティングでは、1D2P1V（Dialogue, Person, Product, Value）が鍵です。コミュニケーションは、より対話に近いものになることが求められているのです。

対話を通じた中・長期のコミュニケーション事例

さて、対話（Dialogue）が必要な理由は、お客様の満足度を向上させる以外にもあります。それは、シングル&シンプル マーケティングでは、お客様との関係は継続的で、ともに成長するマーケティングだということです。

今までのマス・マーケティングに代表されるマーケティングは、一度ブランドや商品を定義したら、そのお客様のターゲットも不変でした。例えば、お客様のターゲットを、F2、つまり女性の35歳から49歳と設計したら、常にマーケティング・ターゲットをこの年齢にしていました。発売10年後には、お客様を卒業してくださいとお願いするようなマーケティングを行ってきたのです。実際には、発売当初から商品を見守ってくれ、10年間も愛用していただいた、大変重要なお客様だったにもかかわらず。

これからのシングル&シンプル マーケティングでは、中・長期の関係性が重要です。**中・長期の関係性を維持するためには、お互いの特徴や状態についての情報も更新しないといけません。**

例えば、継続的に関係していただいているお客様の状況について、更新し続けないといけません。もちろん、マーケティングを行っている側も、新たな商品・サービスについては伝えていきます。対話により、お互いに理解をすることが、今後のシングル&シンプルマーケティングでは、重要です。今までのマーケティングは、お客様の情報の更新を十分に行ってこなかったのではないでしょうか。

現在多くのマーケティングを行っている会社で、ようやく複数のCRMアカウントの一元化を行い始めました。例えば、本社と販売会社で持っているお客様の情報を名寄せする。または、ブランドのキャンペーンごとに集めたお客様の名簿を一本化する。さらには、Eメールのアドレスと SNS のアカウントを結び付けるなどです。多くの場合は、この一元化や一本化というステップを一度行えば良いと考えているようです。しかし、このようなデータの更新は、お客様との関係が継続している間は、継続して行うべき事柄です。

もちろん、やみくもにお客様からデータを取得することを、お客様は望んでいません。自分のプロフィールを公開することでの、メリットがないといけません。

さて、このような対話により、お客様の情報を更新し続けることを行っている有名な事例にグーグルがあります。グーグルは、もともとは検索サービスを提供する会社でしたが、あるときGメールという無料のメール・サービスを開始しました。そして、それ以後、グーグルの多くのサービスは、Gメールのアカウントとパスワードによって、ログイン、カスタマイズできるようになっています。ところで、このグーグルから、不正なログインの防止のために、携帯の電話番号を登録するように質問されたことはないでしょうか。これ自体は怪しいものではなく、私も利用しています。例えば、新しいパソコンを購入して、そのパソコンからＩｎｂｏｘというＧメールの新バージョンのメール・サービスにログインすると、登録していた携帯に数字のＰＩＮ番号を知らせてくれます。この番号を、新しいパソコンの入力画面に入れると、ようやく本人確認が取れて、Ｉｎｂｏｘにある自分のメールにアクセス可能になります。

これは、私たち利用者にも、セキュリティー向上のサービスを提供することになりますし、実はグーグルでもお客様ごとに使用しているデバイスの情報を更新していることになります。グーグルは、お客様の一番よく使っている携帯の電話番号を知っていれば、使っている複数のＰＣについても特定できるのです。このことによって、グーグルは使い始めたばかりのパソコンであっても、ユーザーが特定できるので、ターゲティング広告を出すことができます。

このような情報の更新は、何もＩＴ企業だけが行っているわけではありません。昔から、テーラーメイドのスーツ店や、体調や体型を管理するスポーツ・ジムでは行っていました。

問題は、今まではお客様との関係の継続性を、ほとんど考えていなかったので、なぜか顧客登録時に、氏名、性別、生年月日、住所、Ｅメールなどを登録していました。これからは、お客様のデータでお客様にとっても、マーケターにとっても更新した方が良いものは何かを明確にしないといけないでしょう。例えば、家の掃除グッズを売る会社であれば、家の状況の変化や、家族構成が重要かもしれません。一方、それをお客様から教えてもらったときに、お客様が満足する商品やサービスが提供できるかも、併せて考えないといけないでしょう。

ある意味、今までのマーケティングはお客様の変化に対応せず、常に自分たちが得意とするお客様だけを相手にし、お客様の状況が、その企業が不得意な状況に変わったら、関係性を断ち切っていたのかもしれません。にもかかわらず、ＬＴＶを設計するというのは、大きな矛盾があり、そのせいでＬＴＶという言葉が、あまり浸透しなかったのかもしれません。

これから、本当にＬＴＶを考えるのであれば、このシングル＆シンプル マーケティングの考えのように、お客様と対話し、お客様とともに成長するマーケティングが必要でしょう。そのためには、お客様の状態・状況を更新し続けられるエコシステムを構築する必要があります。これは、お客様の情報の管理論だけではなく、どのように商品・サービスをお客様に寄り添いながら成長させるのかという議論になります。

第8章

シングル&シンプルマーケティングの実践

旧来のマーケティングの長所・短所を理解する

さて、ここまで市場の多様性、そしてデジタル時代に相応しいマーケティングとして、シングル&シンプル マーケティングという、お客様に寄り添うマーケティングの考え方を説明し、考えてきました。このマーケティングは、今まで以上にお客様という「人」に焦点が当たったマーケティングであり、かつマーケティングや事業に「継続性」があるように考えられたものです。

ところで、マーケティング自体も企業や組織の「人」によって行われる「業」であり、その「人」の性質や考え方によっては不向きなこともあります。実は、マーケティングを行うときには、マーケターが属している自分たちの理解も重要なテーマになります。この本を読んで、シングル&シンプル マーケティングの考え方に共感しない、または自分は共感したが、組織に説明したら理解されない、ということもあるでしょう。このような場合は、そのマーケティング集団は生き残らないのかと言えば、そうでもありません。旧来どおりのマス・マーケティングの手法を行っても良いでしょう。デジタルを使わないマーケティングを行っても良いのです。マーケティングというのは、「人」と「人」の間に存在するモノなので、マス・マーケティングを望んでいるお客様がいれば、マス・マーケティングの手法は、活用可能です。お客様がデジタルを活用したくないのであれば、デジタルを活用しないマーケティングを行います。すべての企業、組織が同じマーケティングを行わないといけないわけではありません。

さて、ではこの時代に**旧来のマーケティングを行う場合に、忘れてはいけないことは何でしょうか。それは、それぞれのマーケティングの長所と短所をきちんと理解するということです。**

例えば、マス・マーケティングの強さは、大量生産、大量販売による、一商品あたりにかかる必要経費の低減による低価格化、また、市場のそのカテゴリーにおける、独占率の高さから発生する、認知率の高さなどでしょう。これらの低価格化に必要な個数や、生産方法、販売方法、さらに、市場内での高い認知率が維持できれば、販売個数が少なくても、マス・マーケティングが実践できるのです。

また、世界を見れば、まだまだマス・マーケティングが行え、求められている市場も多く存在するので、その市場に向き合うということも可能でしょう。

このように時代が変わっても、今までのマーケティングを行うことは可能なのです。重要なのは、そのマーケティング手法の、本質を理解していること。また、対象とする市場を柔軟に変えられることなどです。

マーケティングというのは、環境変化に大きく影響を受けます。今は、市場の成熟から起きた多様性、さらにICTの進化に伴うデジタル時代対応が、大きな課題であり、そのためにシングル＆シンプル マーケティングという考えを提示しましたが、環境が変われば、新しいマーケティング手法が当然ながら出てくるのでしょう。

しかし、私の考えは、マーケティングは「人」に対する業なので、相手の課題をきちんと理解し、相手が求めていることを行うということは、いつの時代でも普遍的なことだと考えています。

シングル＆シンプル マーケティングでまず行うべき2つのこと

この本を読み進めていただいた方の中には、シングル＆シンプル マーケティングに共感いただき、組織の中でもこの考えに理解が出てきて実践したいと思っている方もいらっしゃると思います。その場合に、まず行うべきことが、２つあります。

一つは、マーケター自身のマインド、つまり基本的な考え方の変更。もう一つは、お客様との対面力の強化です。

まずは、マインドの変更についてです。今まで、多くのマーケターは、市場での独占率といったカバー率の数字や、売上金額の総量の多さなどを目標、あるいはモチベーションにしていたと思います。シングル＆シンプル マーケティングでは、マーケターの数値目標管理は、もっと精緻になるのです。むしろ量の多さより、ある商品、サービスを求めているお客様の数を正確に理解し、その事業を継続的に行うための設計を行わないといけません。

かなり単純化した事例で説明しましょう。今までは、月間１００万個販売という目標に対して、仮に１５０万個売れた場合は、マーケターは喜んでいたと思います。そして、この量を多く売るという目標のために、その月だけ、価格を安くして、多少赤字になってでも、市場での存在感を示そうとしていたと思います。

このシングル＆シンプル マーケティングでは、１００万個／月という目標に対しては、１００万個前後売れることが重要です。それ以上売れて喜ぶのは、マーケターとしては、次の２つの理由で間違いをしたことになります。

まずは、販売個数を間違ったということは、初期のお客様の設計を間違ったという点です。本当に、１００万個以上売れるのだとしたら、お客様のニーズや期待の理解を誤り、お客様の把握に問題があったということになります。

次に、継続性の問題です。100万個で設計した、生産、物流、販売、サポートなどといった、サプライ・チェーンのシステムは、100万個に最適になっていたはずです。そして、それから必要なコストなどを計算して、市場の価格も設計したはずです。この設計をやり直さないといけないという点です。

つまり、シングル&シンプル マーケティングにおいては、**マーケターは初期設計どおりのマーケティングを行う確率が高くなることが最大の目標、モチベーションにならなくてはいけないのです。**

市場に多様性がある今、市場のカバー率を一つの商品で高くすることは難しくなっていますし、成熟した市場のお客様もシェアの高さを購買の参考にはほとんどしていません。それよりも、その商品やサービスの継続性が重要であることを忘れてはいけません。

次に対面力の強化です。今までのマーケティングは、市場規模の拡大を目標としていたために、多くのマーケティングにまつわるプロセスを分業化していました。結果として、多くの本社機能のマーケターは、お客様と会わず、商品、サービスの設計や、その企画などを行ってきました。シングル&シンプル マーケティングを進めるには、お客様の数よりも、お客様との関係の深さが重要です。マーケターは、病院におけるかかりつけ医のような存在にならないといけないでしょう。このような活動は、今まではフィールド・ワークや現地調査と呼ばれていました。しかしシングル＆シンプル マーケティングにおいては、お客様と接し、コミュニケーションすることは、調査や研究ではなく、実際のマーケティングです。お客様の一言一言に耳を傾け、マーケターとして何ができるのか。また、課題や、期待は、どのような背景から生まれるのか。傾聴と思考が、お客様との対面時に求められることです。

マーケターの中にも、お客様と接するのが上手な方もいらっしゃるでしょう。その方も、実は今までとモードが異なることを注意しないといけません。今まで、マーケターのコミュニケーションは、商品、サービスの特徴をわかりやすく伝えることでした。もちろん、このスキルも必要ですが、シングル＆シンプル マーケティングでは、**それ以上にお客様の行いたいこと、解決したいことを聞き出す能力、そして対話（Dialogue）が求められます。**

とはいえ、これ自体は特殊な能力ではなく、マーケターとお客様の関係が、より「人」と「人」の関係になるだけのことです。今までのマーケティングでは、ビジネス・プロセスを複雑にし、そのプロセスをマネージメントすることに、多くの時間が使われていました。このシングル＆シンプル マーケティングでは、その複雑なプロセスの中で、自動化できるものはデジタル化し、より人が行わなければいけないプロセスに、マーケターが集

マーケターに求められることの変化

	マス・マーケティング	シングル&シンプル マーケティング
目標設計	初期設計より売れることが喜び、価格を安くしても多く売る	商品を求める顧客の数を正確に理解し事業を継続するための設計を行う
顧客との接し方	商品の特徴をわかりやすく伝える	顧客が解決したいことを聞き出す対話

中するマーケティングです。対話のような、もっとも「人」らしい活動には、今まで以上に集中しないといけないだけです。

真のデジタル時代は、デジタルによって、より「人」が行うべき活動に集中することです。

お客様相談センターは、マーケティング部門に

シングル&シンプル マーケティングでは、1D2P1V（Dialogue, Person, Product, Value）を設計しないといけません。旧来のプロモーションから、対話（Dialogue）を重視する理由についても、前章までご理解いただけたのではないでしょうか。そして、その対話（Dialogue）で重要な組織が、「お客様相談セン

ター」や「コールセンター」と言われている、今まではお客様からの相談や、苦情などを受け付けてきた組織です。

お客様相談センターには、実に大きなマーケティングのヒントがあります。実は、この組織で行っている活動は、シングル＆シンプル マーケティングにおける対話（Dialogue）です。

一般に、お客様相談センターは、商品やサービスの苦情を受け付ける業務を行っています。ところで、ここにお問い合わせをしているお客様はどのような方でしょうか。商品やサービスの問題を発見し、それをきちんと報告していただいているお客様が多数になります。報告された問題は、商品・サービスそのものの欠陥、商品・サービスの購入や契約に関する問題など、実にさまざまです。私もマーケティングを行い始めた時には、この相談の件数がなくなることが良い商品・サービスだと考えていました。しかし、今は異なります。実は、お客様相談センターに問い合わせのある商品・サービスは、ファンがいる商品・サービスでもあると考えるようになりました。

商品やサービスは、ある瞬間のお客様や社会のニーズに合わせて作っています。しかし、お客様や社会のニーズは、絶えず変化しており、商品やサービスがカバーできない状態になることがあります。そしてカバーできないということは、お客様にとっては、問題であり、時として苦情になります。

このような、お客様や社会の変化をいち早く察知できるのも、お客様相談センターなのです。つまり、お客様からの苦情に対応はしないといけませんが、お客様や社会の変化も理解できるのです。

お客様相談センターには、一般には、商品やサービスの苦情や問題点の問い合わせが多いことは事実です。しかし、**その中で使われている単語の変化や、苦情の内容の変化は、まさにお客様の理解のために重要なことです。**苦情や問題点は、すぐに解決すべきかなどの議論に進めないといけません。一方、その解決された苦情や、その他のアドバイスを、定期的に分析することで、お客様のさまざまな変化を捉えることができます。

まずは、言葉の変化です。お客様の発する言葉は、時代とともに変わります。例えば、「ヘアアレンジ」「髪型」「ヘアスタイリング」これらはどれも同じような意味を指しますが、時代や世の中で使われている言葉によって、お客様の言葉も変わります。お客様の言葉が変わるのであれば、私たちマーケターが、お客様に使う言葉もそれに合わせるべきでしょう。このような、言葉の変化を常に捉えられるのは、お客様相談センターの強みでしょう。

次に、苦情の内容の変化です。つまり、苦情の背景を伺うと、どのような生活の中で、商品やサービスが使われているのか。誰が使っているのかなどがわかります。例えば、掃除の話では、住環境についての話が伺えるでしょうし、料理の話では、どのような料理を作ろうとしているかを伺えるでしょう。もちろん、調査でもこのようなことは聞けますが、絶えず継続的にこのようなお客様の利用シーンについて聞けるのです。

昨今では、電話での音声を、テキスト化する、音声認識ソフトも安価になり、またその認識率も高くなっています。一度、テキスト・データになれば、今度はテキスト・マイニング・ツールによって、どんな単語が多く現れているのかなど、さまざまな分析ができるようになっています。

今までは、お客様相談センターは、会社の中で独立した部門として、工場などの生産部門を持つ企業では品質管理に近い組織として存在していました。シングル＆シンプル マーケティングを実践されるのであれば、**ぜひマーケティングの組織に近い組織にすることが良いでしょう。**

シングル＆シンプル マーケティングでは、特別な調査やグループ・インタビュー以上に、対話の中でお客様の理解をすることが求められます。お客様相談センターは、この機能を持ち合わせています。マス・マーケティングの組織の中に組み込むか、お客様からの意見、苦情、アドバイスを、マーケティング部門で常にアクセスできるようにするべきでしょう。

つまり、お客様相談センターは、お客様を理解できる、調査部門的な機能に進化させるべきなのです。

データを集める覚悟をしよう

ところで、近年のマーケティングでは、さまざまなデータを取得し、さまざまなデータ分析が行えるようになりました。この本の中でも、データの重要性、特にデータをきちんと見ることの重要性を説明してきました。そこで、よく問題になるのは、データをどのように、収集・管理するのかという問題です。

データは実に面白いものです。例えば、今何が起こっているのかを理解するためには、現在のデータが必要です。そして、その現在のデータは、5年後や10年後に、似たような事例がないだろうかという話題の時に、参照もされます。例えば、天気予報を例に取りましょう。明日の天気のような、直近のデータを見る時もあれば、体育の日の晴天率のような、かなり以前のデータから今までのデータを参照するようなこともあります。

つまりデータは、今使っている分析・解析以外にも、後に別の用途で再利用されることもあるのです。この点は、実に面白いのですが、実は厄介なことでもあります。将来のデータは、どのような使われ方をするかも、本当に使われるのかも、その時にならないとわからないのです。

では、どうしたら良いのでしょうか。答えは、**社内にデータ・マート、つまり会社や組織として、データを一か所に集めた統一のデータの集積場所を作り、永久的にデータを保管する仕組みを作ることです。**ここでは、もう少し踏み込んだ話をしましょう。データというのは、残念ながら勝手には集まりません。会社には、さまざまなデータがあり、多くのマーケティング組織では、自分に関するデータが自分のコンピューターや、保管場所に溜まっています。そして、マーケターは、そのデータを分析して、自分でマーケティング・プランを立て、実行して、そして売り上げなどの結果のデータも戻ってきます。

多くの会社では、これら個人で扱い、個人に戻ってくるデータを、社内の共有財産にするために、データの管理、保管ルールを決めて実行しています。しかし、これだけでは今後は不十分でしょう。

データに関しての責任者、データ司書を会社に置くべき時期にきています。実は、会社の中のデータは、さまざまな問題があります。ルールがあっても、実はなかなかデータが自主的に担当者から提出されない。部署や個人ごとにデータのフォーマットや精度が異なる。データ自体の説明、メタ情報を付け加えないと、後に検索できなくなる。このような問題があるのです。データ司書と呼んでいるのは、これらの課題に関する業務が図書館の司書に近い役割だからです。

まずは、データがマーケターからスムーズに、データ・マートに集まらない問題があります。これは、まだ会社の中で、データの価値が認められていない時や、マーケターが自分のマーケティングに関して、オープンにできないような組織でよく起こります。データ司書は、この課題に関しては、教育・啓蒙することもあるでしょうし、必要に応じてデータを一定の期間がたった後に集めたりすることになるでしょう。一定の期間とは、マーケターのある広告やキャンペーンの終了後や、またはマーケターがそのデータが必要ないと思うときかもしれません。

マーケターにとっては、データを他のマーケターに開示して、より良い戦略をチームやグループで考えられる方が良いのですが、まだまだマーケティングが属人的な場合が多いようです。従って、マーケターがある活動を終えるまでは、データを開示したくないというのは、データの活用の初期段階ではよく起こることです。

次に、データの形式や精度です。ある部署は、データをエクセルで保管していて、ある部署はデータベースに保管している。ある部署は、商品別に売り上げを管理しているが、別な部署では、カテゴリー単位になっている。このようなことは、集めてみないとわからないことです。この時、データ司書は、可能であれば必要な整理や整形を行い、それでも無理ならデータの保管方法について、ガイドラインを組織に出さないといけないでしょう。また、企業の中では、よく事業カテゴリー変更を加えたりします。データ司書は、このような時にも、データのカテゴリーや保管方法、またはデータのタイトルなどを、それに相応しく変えないといけません。

最後に、データに関するデータ、つまりメタ情報の整理です。例えば、エクセルのファイル名を思い出してください。ある商品の売り上げのエクセルを作った時に、その商品名がきちんと正しく書かれているでしょうか。複数の商品の売り上げを、一つのエクセルのファイルにしている場合に、その複数の商品名を、エクセルのファイルを開けなくても、わかるようになっているでしょうか。このような、データそのものの紹介が、メタ情報です。図書館では、本をカテゴリーや、作者の名前で探せるようになっています。データにおいても、似たような整理が必要です。

このように、データをマーケティング組織で収集すると決めたのであれば、そのシステム的な箱の用意だけではなく、データ司書のような人材の配置も重要です。

シングル＆シンプル マーケティングにおいても、データは重要ですが、将来マーケティングの手法が変わっても、データの重要さは変わらないでしょう。データ・マートの整備とともに、データ司書という新しい役割についても、議論して配置すべき時にきているでしょう。

お客様に接することを恐れない

今までのマーケティングにおいては「お客様の想像を超える新商品を」と言われてきました。こうした考え方が消えたとは言いませんが、変化は起きていると思います。これまでの商品やサービスの開発は、ごく一部の関係者の中で流通している情報を使って、お客様の知らない商品やサービスを提供していました。しかし、ICTの普及で、今では誰でも、容易にさまざまな情報や知識に接することができるようになりました。つまり、情報がオープンな時代になったのです。

さらに、今求められているイノベーションは、複数の分野の組み合わせの領域で起きています。例えば多くのシェアリング・エコノミーを使ったサービスは、リアルタイムの在庫管理とその貸し出すものの固有のビジネスの掛け算から成り立っています。特に、「デジタル×既存のビジネス」という組み合わせで多くのイノベーションが起きているのです。このようなイノベーションは、単一の企業では起こりにくくなっているのでしょう。多くの大企業がスタートアップに出資や、共同の取り組みを行っていることも、このような背景から起きているのかもしれません。

シングル&シンプル マーケティングは、「お客様の望んでいること」を、解決するマーケティングです。これは、明らかに「お客様の想像を超える新商品を」という文脈と異なります。そして「お客様の望んでいること」を解決するだけであれば誰でも行えるのではないかと疑問を持っている方もいるかもしれません。

確かに、お客様は自分の解決したいことを、どのような技術やどのような方法で解決できるかを、インターネットで知ることができます。しかし、それを合理的に開発、作ることまではできないのです。情報として「知る」ことと、それを具現化することには大きな差があり、シングル&シンプル マーケティングでは、**いかにお客様の望んでいるように具現化するかということが重要なのです。**

つまり、今までのように企業が圧倒的な情報を持っている時代は終わりました。シングル&シンプル マーケティングでは、いかにお客様の望んでいることを、お客様目線で開発、提供するかが重要なのです。そのためには、**常にお客様との対話の場所を持つことが求められています。**

常に対話の場所を設けている事例は、さまざまあります。少し、考えてみましょう。

まずは、アップルストアです。このアップルの直営店は、実は単なる直営店ではありません。商品の使い方の説明会を店内で行っていますし、店内で必要なアドバイスや修理サービスを受けることができます。また、大型のお店では、講演会やコミュニケーションを行えるホールも存在しています。アップルの商品は、もちろん携帯電話会社でも、家電量販店でも購入できますが、このアップルストアの存在により、ユーザーとの対話の窓口を開けているわけです。

日本の企業でスノーピークという、ハイエンドなオート・キャンプ商品を製造販売している会社があります。この会社は、自社で燕三条にキャンプ場を持っており、そのキャンプ場の中に、本社があります。もちろん、このキャンプ場では、スノーピークの商品を購入前に試すことができます。特筆したいのは、会社の周りに、スノーピークの購買検討者や利用者が集まる環境を作ったことでしょう。直接、お客様から意見を聞ける環境を作ったのです。

実は、今まで気づかれなかったことを、ほんの少しのハードル解消で具現化することでイノベーションが生まれることがあります。例えば、Ｕｂｅｒという、運転者と乗りたい人をマッチングする配車アプリですが、仕組み自体は、レストランの予約とあまり大差ありません。レストランの予約も、お店の空き情報と行きたいお客様のマッチングです。それに、運転手と乗客の位置情報を加え、またリアルタイムなマッチングを加えたものが、

Ｕｂｅｒとも言えます。Ｕｂｅｒができる前からも、電話を使ったタクシーの予約サービスはありました。しかしそれ以上のサービスはできないのではないかという思い込みがあると、こうしたイノベーションは起きません。

このような、思い込みや、ほんの少しのハードルの解消は、残念ながら、会社の会議室のようなまじめな時間には起きないものです。よくマーケティングの記事などで、お客様目線での商品開発やサービス開発と書かれていますが、そんなにまじめなものではないことが多いのです。実は、多くのきっかけは、お客様との何気ない会話から起きることが多いのです。

さて、話をスノーピークの事例に戻しましょう。スノーピークでは、本社の周りのキャンプ場でお客様に接するほかにも、お客様とのキャンプイベントを全国で行っています。社員がお客様と一緒にキャンプを行うのです。これにより、多くの会話が起き、どのような商品が必要なのかを聞いているそうです。このように、マーケターがお客様と直接対話することは実に多くのヒントがあるでしょう。

このような対話の集会を、私自身も何度も行ったことがあります。お客様も、その商品やサービスの責任者と会えるということで、非常に喜んで参加いただけます。そして、まずは商品の良さや、長く使っていることなどを語っていただけます。また、このような対話の場に参加していただけるお客様は、その商品、サービスに対する貢献度も高く、実に多くのアイデアを伺えます。さらに、そのようなひと通り熱い対話が終わった後の「実は、こんなものがあったら……」などという、さりげないお客様の発言には多くのヒントがあります。イノベーションの大きな障害の一つに、今までの常識がありますが、こうしたお客様の会話には、「無理だと思うのですが」とか「きっと私だけしか欲しい人はいないと思うのですが」のような言葉の陰に、実はマーケターが考えもつかなかったものが含まれていることが多いのです。

マーケターが、常にお客様と接し続けることはできませんが、このように意識的に会話ができるような機会を持つことは、とても重要です。特に、シングル&シンプル マーケティングでは、対話できる関係と対話をする機会を作ることも、一つのタスクです。

1D2P1V（Dialogue, Person, Product, Value）のDialogue設計。この対話（Dialogue）を、恐れず行うことがとても重要です。デジタル時代のシングル&シンプル マーケティングでは、マーケティングのそれぞれの業務を「人」にしかできないことと、「デジタル」で自動化させることを明確にする必要があります。そして、お客様との対話でも、「人」にしかできないことと、「デジタル」に任せて良いことを分ける必要があります。

お客様と共に成長するマーケティング

シングル&シンプル マーケティングでは、お客様との対話（Dialogue）が、何より重要です。そして、もう一つ重要なのは、「人」らしいマーケティングの復活なのです。「人」らしいとはどういうことでしょうか。アド・テクノロジーという言葉が、マーケティングの領域に出てきて、マーケティングに多くの、数値、指標が登場しました。インターネット広告のクリック率（CTR）や、顧客獲得単価（CPA）などの指標です。ある時期、このような3文字アルファベットの指標が、マーケターの目標値になることがありました。マーケティングの最終目的と関係があるのかは、議論されずに、このような中間指標を追いかけてしまったのです。

数値データは、業務プロセスの状況を確認、管理するのには非常に良いものです。従って、数値を見ること自体は、問題がありませんし、この本の中でもデータを見ることを勧めています。

この数値データでの管理を、自分の体に関する身近な例で置き換えて考えましょう。私たちは、健康診断や、人間ドックで、さまざまな数字を見ます。血圧や血糖値、コレステロールの測定値などがそれにあたります。そして、それぞれの数値に関して、判定が出て、今の体の状態を知ることになります。大きな問題が発見されれば、治療をすることになります。一方大きな問題はなく、値に多少の問題があるときには、医者からのアドバイスを聞いて、改善しようとします。人間ドックで、オールA判定になることは、私たちにとって、どのような価値があるのでしょうか。個人個人にとっては、今後どのような生活を行い、そのためにどのような健康状態にするかの方が、大切なのです。運動選手を目指すのであれば、オールA判定でも、問題なのかもしれないのです。

このように、私たちマーケターは、数値以上に、どんなマーケティングをお客様と行うのか、ということが重要なのです。大量生産、大量販売の時代から、マーケティングは多くの数値管理を行うようになりました。この時代は、市場規模が拡大し、売上金額と、その市場の中での市場独占率（シェア）を管理指標にしていました。しかし、シングル&シンプル マーケティング時代には、これらの数値以上に、お客様にとっての価値、そしてマーケターとしての価値を、これらの管理指標以外に考えないといけないのです。

これが、「人」らしいマーケティングです。つまり、お客様とマーケターの現在の共創関係を上手に築くこと。そして、その関係に将来性があり、お客様の成長や変化に合わせて、マーケターもそれに継続的に付き合い続けられること。つまり、**マーケターとお客様**

が、きちんとパートナー・シップを維持、継続できること。このような、数値に表れないような、質、関係性がより重要になるのでしょう。

マーケターも「人」。お客様も「人」である以上、マーケティングは、今まで以上に「人」と「人」の関係に注力しなければならなくなるでしょう。デジタルは、その「人」と「人」の関係を強化するための補助ツール、ユーティリティーです。デジタルが「人」を支配することはありません。デジタル時代になったからこそ、**デジタルを上手に使って、マス・マーケティング以前の、「人」と「人」のマーケティングの本質に回帰する。**これが、シングル＆シンプル マーケティングが登場する大きな背景なのです。

お客様に向き合い、お客様に教わり、そしてマーケターも成長し、お客様により良い商品、サービスを提供する。このような、ごく普通の人と人のパートナー・シップが、シングル＆シンプル マーケティングの基本的な考えなのです。

「御用聞き」をデジタル化する

私がシングル＆シンプル マーケティングを、唱えている理由の一つに、日本の特徴があります。日本は、時に「ガラパゴス」のように言われることがありますが、その特徴をこのシングル&シンプル マーケティングは、有効に使えます。

今まで、日本には日本に固有のマーケティングがあったにもかかわらず、アメリカやヨーロッパのマーケティング手法を研究して、取り込んできました。日本市場が成長している時には、多くの企業がアメリカの市場独占率重視のマーケティングを実践して、成功をしていました。しかし、日本市場の規模の成長が止まり、多くの日本企業のマーケターは悩み始めました。

そこで唱えたいのは、日本発のマーケティング手法を復活させても良いのではということです。実は、このシングル&シンプル マーケティングの最大のヒントは、昭和の時代に残っていた、**「御用聞き」販売**です。近所の雑貨屋さんや、酒屋さんが、勝手口から台所に入る権利を与えられており、そして、お店の方が、「○○いかがですか?」とレコメンデーションを行う、あの「御用聞き」です。

この御用聞きでは、シングル&シンプル マーケティングで唱えている、中・長期の関係性、対話などのエッセンスが入っています。今まで、この御用聞きは、流通でしか行えなかったのですが、さまざまな生産方法や物流システムの進化により、カスタムメイドや宅配の力を使い、どの領域でも行えるようになったのです。

そして、「おもてなし」に代表される日本の優位な部分が生かせるのが、このシングル

&シンプル マーケティングなのです。今まで、日本は「日本製の商品の品質」で、世界から注目され、ここまで成長してきました。そして、それは近年「おもてなし」のような、ハードからソフトに注目が集まるようになりました。

マーケティングにおいても「人」と「人」の関係という「ソフト面」のエッセンスを加えたマーケティングが実践できるのではないでしょうか。この本では、シングル&シンプル マーケティングという新しい言葉を作って、説明していますが、実にこのシングル&シンプル マーケティングは、以前から日本に存在するマーケティングに、デジタルのエッセンスと、さまざまな産業の技術進化を加えただけなのです。

ぜひ、このシングル&シンプル マーケティングを、さまざまなマーケットで、実践して、日本独自のマーケティング手法を確立しませんか。そして、日本をマーケティング大国にしましょう。

おわりに

まずは、最後までこの本にお付き合いいただき、本当にありがとうございます。私にとって、最初の全編執筆の本でした。

私自身、狭義のデジタル・マーケティングの実務経験も長く、Ｗｅｂを使ったコミュニケーションや、ＳＮＳで切り開かれた新しいコミュニケーションの魅力や可能性も十分理解しています。しかし、長くインターネットを活用したマーケティングを行っているうちに、マーケティングはデジタル空間だけで進化するのかという疑問を感じ始めました。

確かに、ＩＣＴの進化は、４Ｐのプロモーションの領域を劇的に拡張しました。広告主が、24時間３６５日、安価に広告を出し続けられる。アド・テクノロジーを使って、ターゲットのお客様に対して広告を届けられる。確かに、インターネットを使った広告、コミュニケーションは大きな可能性があります。

しかし、ＩＣＴの進化はプロモーション領域だけなのだろうかと、ある時から自問自答し始めました。そして、そもそもコンピューターは、私たちにとって、どんな存在だったのかと考えるようになりました。コンピューターは、私の高校生時代には、パソコンや、電子計算機と呼んでいました。つまり、個人利用の、高速の計算機だったのです。そのころから、今もコンピューターは、自律的に何かをするわけではありません。「人」の発行するコマンド、指示を、行うだけです。いくらＡＩが出てきても、それらは私たちの補助ツールであるべきで、ＳＦやアニメに描かれているような、自律的なマシーンにはならないはずです。

だとしたらマーケティングをどう変えるべきか、と思い巡らせていたときに、考えたのがシングル＆シンプル マーケティングです。マーケティングは「人」と「人」の界面で行われる業であること。だからこそ、もう一度「人」らしいマーケティングに戻すべきだろう。こうした考えが背景にあります。

今までのマーケティングは、効率という言葉がある意味、重要でした。生産、配送、コミュニケーションはコストがかかったため、その効率を追求した結果です。しかし、これだけコンピューターが進化すると、生産、配送、コミュニケーションにも違う風景が見えてきました。

誰が行っても同じで、非常に繰り返しの多い仕事、業務は、コンピューターに任せる。そして、じっくり考えないといけないことは「人」が行う。それがシングル＆シンプル マーケティングです。

そして、これから重要なのは、もっとマーケティングが科学になることです。科学、つまり「モノを見て」「考えて」「予想を立てて」「その予想を確認」するというプロセスが、もっとマーケティングに必要なのでしょう。

これからのマーケティングは、市場が多様になることにより、さまざまなマーケティングが出てくるでしょう。シングル＆シンプル マーケティングもその一つです。その新しいマーケティングを社会実験することで、多くの知識、知恵をマーケター自身が得られます。

今までのように、成功している企業のマーケティングを真似することも、メリットはありますが、それ以上に重要なのは、自らそこにアイデアを加えて、新しいマーケティングを実践することです。

この本では、シングル＆シンプル マーケティングのコンセプトを整理し、述べました。難しい技術は求めておらず、実践しやすいマーケティング手法だと思います。ぜひ、少しずつ実践して、このマーケティングの良さを理解し、さらに新しいマーケティングを創っていただければと思います。

最後に、デジタル時代だからこそ、マーケターとお客様がパートナー・シップを築ける「人」らしいマーケティングを実践しましょう。

２０１８年７月　本間　充

著者略歴

本間　充（ほんま　みつる）

アウトブレイン ジャパン株式会社 顧問／アビームコンサルティング株式会社 顧問。
宣伝会議 デジタルマーケティング実践講座、デジタルソリューション営業基礎講座、データマーケター育成講座、広告効果測定講座、メディアプランニング基礎講座、マーケターのための KPI 設定講座講師。
1992 年、花王株式会社に入社。1996 年まで、研究員として、スーパー・コンピューターを使って、数値シミュレーションを行う。社内で最初の Web サーバーを立ち上げ、以後本格的に業務として Web に取り組む。2015 年に、アビームコンサルティング株式会社に入社。多くの事業会社のマーケティングの支援、Web コンテンツ管理システム導入を行う。その他、ビジネス・ブレークスルー大学講師や、東京大学大学院数理科学研究科客員教授（数学）、内閣府政府広報アドバイザー、文部科学省数学イノベーション委員などを務めている。

個客に深く長く寄り添い、利益を伸ばす
シングル&シンプル マーケティング

発行日	2018 年 8 月 24 日　初版
著者	本間充
発行者	東彦弥
発行所	株式会社宣伝会議 〒 107-8550　東京都港区南青山 3-11-13 Tel.03-3475-3010（代表） https://www.sendenkaigi.com/
装丁	tobufune
本文デザイン	ISSHIKI
印刷・製本	株式会社暁印刷

ISBN 978-4-88335-429-0　C2063